Y TRIP

Nofel antur, mewn tair rhan,
i ddysgwyr y Gymraeg.

J. PHILIP DAVIES

GWASG GOMER
1987

Argraffiad Cyntaf - Gorffennaf 1987
Ail Argraffiad - Mawrth 1992

ISBN 0 86383 398 5

Comisiynwyd y nofel hon gan Gyd-bwyllgor Addysg Cymru.
Fe'i cyhoeddir dan nawdd Cynllun Llyfrau Darllen y Cyd-bwyllgor.

Argraffwyd gan J. D. Lewis a'i Feibion Cyf.,
Gwasg Gomer, Llandysul, Dyfed

Cyflwynaf y nofel antur hon
i ddysgwyr y Gymraeg yng
Ngholeg Cartrefle,
Athrofa Gogledd Ddwyrain Cymru.

Rhan I

Pennod 1

Roedd y dyn yn sefyll yn llonydd, yn hollol lonydd. Doedd dim sŵn o gwbl. Doedd dim byd yn symud; doedd neb yn siarad; doedd yr adar ddim yn canu a doedd dim trafnidiaeth ar y ffordd islaw. Roedd hynny'n od, oherwydd roedd y dyn yn sefyll ar falconi hen dŷ mawr yng nghanol Llundain, ar brynhawn braf ym mis Mai.

Edrychodd y dyn ar ei gyfaill. Yna edrychodd ar ei oriawr cwarts. Roedd o'n barod. Rhoddodd y gwn MP5 awtomatig yn ofalus ac yn dawel ar lawr y balconi. Neidiodd fel cath i falconi'r tŷ drws nesaf. Roedd grenâd cyfergyd yn ei law, grenâd 'fflach-bang' sy'n gallu parlysu'r gelyn am bum eiliad ar ôl ei daflu. Tynnodd y pin o'r grenâd â'i ddannedd a thaflodd y grenâd drwy'r ffenestr.

Yr ochr arall i'r ffenestr, y tu mewn i'r tŷ, roedd chwech o bobl yn eistedd ar lawr ystafell wely foethus. Roedden nhw'n edrych yn flinedig ac yn fudr ac roedden nhw'n pendwmpian. Roedden nhw wedi bod yn wystlon yn y tŷ am bythefnos. Roedden nhw wedi syrffedu, ac roedden nhw'n dechrau anobeithio. Roedd bachgen ifanc yn eistedd ar gadair wrth ddrws y llofft. Roedd o wedi blino hefyd, ond roedd o wedi dewis bod yno. Roedd o'n un o'r chwech o estroniaid oedd wedi rhedeg i mewn i'r llysgenhadaeth a chymryd pump ar hugain o bobl yn wystlon.

Pan ddaeth y grenâd drwy'r ffenestr, dechreuodd y gwystlon sgrechian. Neidiodd y terfysgwr i'w draed, ond, yn sydyn, syrthiodd i'r llawr â gwaed yn llifo drwy ei grys. Drwy'r mwg

yn llonydd, *still*	gwystlon, *hostages*
grenâd, *grenade*	wedi syrffedu, *bored*
cyfergyd, *concussion*	estroniaid, *foreigners*
moethus, *luxurious*	llysgenhadaeth, *embassy*
blinedig, *weary*	terfysgwr, *terrorist*
pendwmpian, *to doze*	

7

gwelodd y gwystlon ddau ddyn mewn dillad du a mygydau nwy yn dod o gyfeiriad y ffenestr. Roedd gwn awtomatig H.K. MP5 yn nwylo'r ddau, gwn newydd 9 mm o Ddwyrain yr Almaen a oedd yn gallu saethu 600 o fwledi y funud yn gywir iawn.

Roedd dwsin o'r bwledi wedi mynd drwy gorff y terfysgwr ifanc wrth ddrws y llofft. Rhedodd un dyn ato a rhedodd y llall at y gwystlon. Ar ôl dweud wrth y gwystlon am aros yn llonydd, aeth y ddau drwy ddrws agored y llofft.

Roedd sŵn gynnau'n dod o ystafelloedd eraill yn y tŷ ond, yn sydyn, aeth popeth yn dawel unwaith eto. Edrychodd y gwystlon ar ei gilydd. Clywon nhw un o'r dynion yn dod yn ôl i'r llofft. Roedd yr S.A.S. wedi cyrraedd. Roedd y gwarchae drosodd.

Cododd y gwystlon ar eu traed, yn araf ond yn hapus. Doedden nhw ddim yn gallu credu fod popeth ar ben. Cerddon nhw'n araf drwy'r drws, dros gorff yr herwgipiwr ifanc, ac i lawr i gyntedd eang y llysgenhadaeth.

Y tu allan roedd haid o newyddiadurwyr, yr heddlu, y gwasanaeth tân a sawl ambiwlans yn aros amdanyn nhw. Cerddodd pedwar ar hugain yn rhydd o'r llysgenhadaeth, a cherddodd dau o'r terfysgwyr mewn cyffion i faniau'r heddlu. Roedd pedwar terfysgwr ac un o'r gwystlon wedi cael eu lladd.

Roedd pob un o ddynion yr S.A.S. wedi dychwelyd yn ddiogel i'w pencadlys ger Henffordd. Roedd hi wedi bod yn ymgyrch lwyddiannus. Doedd neb yn gwybod pwy oedd dynion yr S.A.S. ond y noson honno byddai newyddiadurwr craff wedi darganfod pwy oedd un ohonyn nhw petai'n sefyll wrth far y *Black Lion* yn Henffordd.

Rhyddhau'r gwystlon oedd ymgyrch olaf un o aelodau'r S.A.S. Roedd o'n ddeugain oed, ac roedd ei gyfeillion wedi trefnu noson ffarwél iddo ym mar y *Black Lion*.

mygydau, *masks*
gwarchae, *siege*
cyntedd, *hallway/foyer*
haid o newyddiadurwyr, *crowd of journalists*

rhydd, *free*
dychwelyd, *to return*
pencadlys, *headquarters*
ymgyrch, *campaign*
craff, *observant*

8

Charles Windsor Wright oedd enw'r dyn, ond 'Prince' roedd pawb yn ei alw. Charles oedd wedi taflu'r grenâd i orffen gwarchae'r llysgenhadaeth. Roedd o wedi cael ei eni yn ardal dociau Lerpwl, ac ar ôl methu yn yr ysgol, roedd wedi gadael cartref yn gyflym ar ôl ffrae efo'i dad. Roedd o wedi ymuno â'r fyddin, ac ar ôl profi ei fedr â gynnau a ffrwydron, roedd wedi cael ei drosglwyddo i gatrawd yr S.A.S. Roedd wrth ei fodd yn ei waith, a'r noson honno roedd o'n teimlo'n chwerw fod yr S.A.S. wedi ei daflu ar y clwt am ei fod yn ddeugain oed. Teimlai'n chwerw fod oed ar ddarn o bapur yn fwy pwysig na gallu dyn i'w brofi ei hun yn y maes. Teimlai fod ganddo flynyddoedd o wasanaeth ar ôl. Ond doedden nhw ddim wedi gwrando. Rheolau oedd rheolau yn y fyddin, a rhaid oedd iddo ymddeol.

Doedd Charles ddim yn gwybod fod seicolegwyr y fyddin wedi argymell y dylai ymddeol yn gynnar. Yn ôl yr adroddiad meddygol, roedd yn dechrau mwynhau'r lladd a'r ymladd. Roedd o'n ymddwyn yn fwy creulon ar bob ymgyrch. Casgliad yr adroddiad oedd ei fod o'n ddyn defnyddiol iawn ond roedden nhw'n teimlo y gallai golli gafael arno'i hun. Roedd nifer o ffrwydron wedi mynd ar goll hefyd. Er nad oedd tystiolaeth yn ei erbyn, roedd rhai yn amau ei fod yn gwerthu'r ffrwydron ar y farchnad ddu.

Y noson honno, fodd bynnag, anghofiodd Charles ei broblemau yng nghwmni ei gyfeillion a'r peintiau cwrw o'i flaen.

---

ffrae, *quarrel*
medr, *skill*
catrawd, *regiment*
chwerw, *bitter*
taflu ar y clwt, *to make redundant*
ymddeol, *to retire*

argymell, *to recommend*
adroddiad, *report*
casgliad, *conclusion*
ffrwydron, *explosives*
tystiolaeth, *evidence*
amau, *to suspect*

Pennod 2

Eisteddai Charles y tu ôl i ddesg enfawr yn ei swyddfa foethus. Roedd pedair blynedd wedi mynd heibio ers iddo adael yr S.A.S., ond roedd o'n dal yn ddyn chwerw. Roedd ganddo gartref cysurus, modern, a char Mercedes cyflym ond roedd ei fywyd yn wag. Yr unig beth a roddai wefr iddo oedd brwydro yn erbyn y môr yn ei gwch hwylio. Roedd o wedi prynu un o'r tai wrth y cei yn y Felinheli, ac roedd wrth ei fodd yn gadael ei swyddfa yn ninas Lerpwl i gael ychydig ddyddiau'n hwylio.

Roedd o wedi ennill sawl ras hwylio pan oedd o efo'r fyddin ac roedd o'n arbenigwr ar drin hwyliau. Doedd dim wedi rhoi mwy o bleser iddo fo na chael ei dderbyn fel cystadleuydd yn y ras hwylio o gwmpas Prydain, ac edrychai ymlaen yn fawr at fis Gorffennaf i ddechrau'r ras.

Roedd o wedi defnyddio'r arian ymddeol o'r fyddin, a'r arian a wnaeth o werthu ffrwydron ar y farchnad ddu, i brynu clwb yn Lerpwl. Roedd ganddo ddawn Midas i wneud arian, ac roedd ganddo fys ym mhob potes oedd yn debyg o greu ffortiwn. Erbyn hyn, roedd ganddo ddigon o arian i fforddio cyflogi rheolwr da ar y clwb, ac felly roedd o'n rhydd i gynllunio sut i wneud mwy o arian. Doedd dim angen yr arian arno ond roedd o'n mwynhau'r sialens.

Cododd o'i gadair a thywalltodd baned arall o goffi Cona. Roedd o wedi cyrraedd y clwb yn gynnar y bore hwnnw. Doedd neb arall yno eto. Roedd y sinema, y tŷ bwyta a'r stafell hapchwarae i gyd yn dawel. Roedd o'n ofalus fod popeth yn ei glwb o fewn y gyfraith, ac roedd yn lle poblogaidd gan ddynion busnes y ddinas. Roedd digon o fynd a dod drwy ddrysau blaen y clwb, er y byddai gwragedd rhai o'r

---

gwefr, *thrill*
cwch hwylio, *yacht*
cei, *quay*
trin, *to handle*

cystadleuydd, *competitor*
cyflogi, *to employ*
hapchwarae, *gambling*

dynion busnes yn synnu o weld rhai o'r ffilmiau amheus yn y sinema.

Roedd hi'n hanner awr wedi naw ar fore Gwener. Yfodd ychydig o'r coffi, taniodd sigâr gynta'r dydd, a chododd y ffôn. Edrychodd ar y rhestr o'i flaen a gwthiodd gyfres o rifau ar fotymau'r ffôn. Clywodd lais merch ifanc yn ateb ffôn y banc.

'Bore da. Ga' i siarad â'r rheolwr, os gwelwch yn dda?'

'Pwy sy'n siarad?'

'David Bowen,' atebodd Charles, gan roi enw ffug.

'O'r gorau, Mr. Bowen. Wnewch chi aros am funud os gwelwch yn dda?'

Aeth y llinell yn fud. Yna clywodd Charles lais rheolwr y banc yn ei gyfarch.

'Bore da, Mr. Bowen. Beth allwn ni wneud i chi?'

'Dw i'n eich ffônio chi i drefnu newid siec am fil o bunnoedd, mewn arian parod. Mae gen i dipyn o fusnes brys heddiw.'

'O'r gorau, Mr. Bowen. Wnewch chi aros am funud, os gwelwch yn dda?'

Gwenodd Charles wrtho'i hun. Gallai ddychmygu rheolwr y banc yn gwthio botymau'r cyfrifiadur yn ei swyddfa i archwilio cyfri' David Bowen. Daeth llais y rheolwr yn ôl ar y ffôn.

'Mae hynny'n iawn, Mr. Bowen. Mae gennych chi ddeuddeg cant yn eich cyfri.'

'Mae 'na broblem fach arall. Dwi'n brysur iawn heddiw. Fyddai hi'n bosibl imi alw i newid y siec am ganol dydd?'

'Wrth gwrs, Mr. Bowen, ond rydyn ni'n brysur iawn dros amser cinio.'

'O diar. Does gen i ddim amser i alw cyn hynny.'

'Dw i'n gwybod beth wnawn ni. 'Wna i ddweud wrth bobl y cownter eich bod chi'n dod i mewn. Byddwch chi'n gallu newid eich siec heb oedi.'

cyfres, *series*	dychmygu, *to imagine*
llais, *voice*	cyfrifiadur, *computer*
ffug, *false*	archwilio, *to examine*
mud, *silent*	heb oedi, *without delay*

'Ardderchog. Diolch yn fawr i chi am eich cymorth.'

'Croeso. 'Wna i ddweud wrth y staff ar unwaith. Fedrwch chi fynd at y ffenestr fwyaf cyfleus.'

'Diolch unwaith eto. Bore da.'

Rhoddodd Charles y ffôn yn ôl yn ei le. Rhoddodd farc wrth ymyl enw ar y rhestr. Edrychodd ar yr enw nesaf a gwthiodd rifau'r ffôn unwaith eto.

Am hanner dydd yn union, roedd 'David Bowen' yn sefyll mewn rhes wrth gownter y banc. Roedd siec am fil o bunnoedd yn ei law. Roedd hi'n brysur iawn yn y banc, a'r arian a'r sieciau yn cyfnewid dwylo'n gyflym. Cyn bo hir, roedd o'n wynebu un o ferched ifanc y banc.

'Bore da. Ffôniais i'r rheolwr y bore 'ma i drefnu newid y siec yma. David Bowen ydy'r enw.'

'Wrth gwrs, Mr. Bowen. Rydyn ni'n eich disgwyl chi.'

Cyfrodd y ferch fil o bunnoedd mewn papurau degpunt, a rhoddodd hi'r arian i 'David Bowen'.

'Diolch yn fawr ichi.'

'Croeso. Bore da.'

Rhoddodd 'David Bowen' yr arian mewn amlen yn ei boced. Roedd y ferch eisoes yn ymdrin â'r cwsmer nesaf. Roedd y banc yn brysur iawn, ac roedd rhes hir o flaen pob un o'r deg ffenestr ar gownter y banc. Caeodd 'David Bowen' ei gôt, ac aeth allan i'r glaw. Cerddodd i lawr y ffordd ac ar ôl rhai munudau daeth at hen dŷ, mewn rhes o dai pedwar llawr o ddechrau'r ganrif. Rhoddodd yr amlen drwy flwch llythyrau'r drws a cherddodd yn ôl tuag at ganol y ddinas.

Un o'r dynion oedd yn gwerthu cyffuriau ar strydoedd Lerpwl oedd 'David Bowen'. Roedd o wedi bod yn falch o newid siec i Charles, achos roedd o wedi cael potel o wisgi am wneud y gwaith. Aeth adref yn hapus.

Doedd o ddim yn sylweddoli fod deg 'David Bowen' wedi bod yn yr un banc ganol dydd. Roedd deg dyn wedi cyrraedd

cyfleus, *convenient*
yn union, *exactly*
cyfnewid, *to exchange*

amlen, *envelope*
cyffuriau, *drugs*
sylweddoli, *to realize*

12

deg ffenestr cownter y banc o fewn eiliadau i'w gilydd, ac roedd y banc wedi newid siec am fil o bunnoedd, ddeg gwaith, i ddeg 'David Bowen'.

Y tu ôl i ddrws yr hen dŷ, casglodd Charles yr amlenni. Roedd o wedi rhoi deuddeg cant o bunnoedd yn y banc, ac wedi cymryd deng mil o bunnoedd allan. Roedd o'n hapus iawn. Roedd ei gynllun wedi llwyddo.

Roedd o wedi defnyddio'r un cynllun mewn pum banc gwahanol yn Lerpwl yn ystod y bore. Cyn diwedd y diwrnod prysur hwnnw, roedd Charles yn cloi hanner can mil o bunnoedd yn sêff ei gartref.

Tywalltodd wydraid mawr o frandi Napoleon, ac ymlaciodd. Roedd wythnosau o gynllunio wedi gweithio. Ddeufis yn ôl, roedd Charles wedi ymweld â'r banciau mawr yn Lerpwl ac roedd o wedi agor cyfrifon banc drwy roi deuddeg cant o bunnoedd ym mhob un. Roedd o wedi cynllunio'n ofalus, a doedd o ddim wedi gofyn am ormod o arian i godi amheuon y rheolwyr. Roedd o wedi defnyddio enw gwahanol ym mhob banc. Erbyn diwedd y dydd, byddai rheolwyr y banciau yn sylweddoli fod rhywbeth o'i le.

Rhoddodd ei goesau ar y bwrdd coffi o'i flaen, agorodd gopi o'i gylchgrawn ar gychod hwylio, a breuddwydiodd am wario'r arian.

eiliadau, *seconds*
cynllun, *plan*

amheuon, *suspicions*

Pennod 3

Doedd gan Charles ddim cydwybod euog am ei fod o'n torri'r gyfraith. Brwydro yn erbyn y 'Sefydliad' roedd o, y Sefydliad neu'r gymdeithas oedd yn gallu taflu dyn deugain oed ar y clwt, a'i ddefnyddioldeb ar ben. Treuliai oriau'n cynllunio ffyrdd o dalu'r pwyth yn ôl, yn erbyn y wladwriaeth, y cwmnïau mawr, unigolion cyfoethog a'r gymdeithas yn gyffredinol.

O fewn tri mis i gael ei daflu ar y clwt, roedd Charles wedi gwthio a thwyllo'i ffordd i fod yn gyfrifol am grŵp o ddynion a merched oedd yn gwerthu cyffuriau ar strydoedd Lerpwl. Roedd o wedi defnyddio'i gysylltiadau lleol i ddarganfod cyflenwadau o gyffuriau, ac roedd o wedi amddiffyn ei werthwyr yn erbyn y gangiau oedd wedi eu sefydlu eisoes yn y ddinas.

Roedd o wedi arbenigo mewn gwerthu LSD (Lysergic Acid a Diethylamide) oedd yn cael ei baratoi gan fferyllydd oedd wedi bod yn yr ysgol efo fo. Doedd y fferyllydd ddim yn hoffi'r gwaith, ond roedd gan Charles ffordd greulon o drin pobl oedd yn gwrthod ei gyngor. Roedd y fferyllydd yn cymysgu can meicrogram efo siwgr, ac yn ei roi mewn capsiwl. Roedd Charles wrth ei fodd, oherwydd gallai werthu pob capsiwl am £2.50, ac roedd hynny'n rhoi pum mil ar hugain o bunnoedd iddo am bob gram o LSD. Roedd o wedi gwneud ei ffortiwn yn gyflym iawn.

Erbyn hyn, doedd Charles ddim yn gorfod gwerthu cyffuriau ar y strydoedd. Roedd o'n cyflogi dynion a merched i werthu'r cyffuriau yn y tafarnau, yn y clybiau ac yn y disgos, mewn partïon, ac mewn unrhyw fan lle roedd pobl ifanc yn cyfarfod.

---

cydwybod, *conscience*
y sefydliad, *the establishment*
defnyddioldeb, *usefulness*
talu'r pwyth yn ôl, *to take revenge*

y wladwriaeth, *the State*
twyllo, *to deceive*
cyflenwadau, *supplies*
amddiffyn, *to defend*

14

Doedd gwerthwyr y cyffuriau byth yn gweld Charles. Roedd ganddo bedwar dyn yn rheoli'r gwerthwyr yn haearnaidd. Roedd y pedwar yn cael eu talu am fod yn gysylltwyr rhwng Charles a'r gwerthwyr, a'r cysylltwyr yma oedd wedi trefnu'r bobl i gyfnewid sieciau i Charles, dros fis yn ôl, bellach. Y pedwar cysylltwr oedd yn gyfrifol am gyflenwi anghenion y gwerthwyr, sicrhau disgyblaeth a thalu'r arian i Charles bob mis. Nhw, hefyd, oedd yn gyfrifol am gasglu'r cyffuriau gan y cyflenwyr. Gwaith Charles oedd rheoli'r arian, a'i olchi'n ofalus drwy gyfrifon banc y clwb hapchwarae.

Roedd gan bob cysylltwr ei faes arbennig ei hun. Roedd y cyntaf yn gyfrifol am y farchnad LSD, roedd yr ail yn trefnu gwerthiant marijuana, roedd y trydydd yn delio â'r cyffuriau amffetamin ac roedd y pedwerydd yn canolbwyntio ar y cyffuriau trwm, megis heroin.

Un bore Llun oer yn niwedd mis Chwefror, cerddodd un o'r cysylltwyr i mewn i swyddfa Charles, drwy'r drws preifat yng nghefn y clwb. Roedd o'n gafael yn dynn ym mraich dyn arall; dyn ifanc, byr, tenau, budr.

'Be' di hyn?' gofynnodd Charles.

'Dw i'n meddwl y dylech chi glywed stori'r bachgen 'ma,' atebodd y cysylltwr, 'Steve ydy'i enw fo.'

Edrychai Steve yn ofnus ar Charles. Doedd o ddim wedi gweld 'y Boss' o'r blaen. Un o'r dynion oedd yn gwerthu heroin ar y stryd oedd Steve. Gwthiodd y cysylltwr Steve at ymyl y ddesg. Roedd ofn arno fo. Roedd y cysylltwr wedi rhoi llygad ddu iddo eisoes, ac roedd o wedi clywed sibrydion am greulondeb Charles.

Gwlychodd Steve ei drowsus.

Edrychodd y cysylltwr yn fygythiol arno, ond doedd Steve ddim yn gallu ei atal ei hun. Dechreuodd gwynfannu, gan edrych yn ofnus ar y ddau.

cysylltwyr, *contacts*
cyfrifol, *responsible*
disgyblaeth, *discipline*
cyflenwyr, *suppliers*
yn dynn, *tightly*

eisoes, *already*
sibrydion, *whispers*
atal, *to stop*
cwynfannu, *to whimper*

Trawodd y cysylltwr Steve i'r llawr, mewn atgasedd.
'Fedra i ddim diodde' llwfrgi,' meddai'r cysylltwr.
'Beth sy wedi digwydd?' gofynnodd Charles. 'Pam wyt ti wedi gorfod dod â hwn yma?'
'Welsoch chi'r papur newydd y bore 'ma?'
'Naddo, beth sydd wedi digwydd?'
Rhoddodd y cysylltwr bapur lleol o flaen Charles.
Darllenodd Charles adroddiad am farwolaeth pedwar o bobl ifanc mewn parti yn y ddinas nos Sadwrn. Cododd Steve i'w draed.
'Oedd rhain yn gwsmeriaid i ti Steve?'
'Oedden Boss,' atebodd Steve. 'Dw i wedi bod yn gwerthu 'H' iddyn nhw ers chwe mis.'
'Ond yn y papur, mae'n dweud fod y pedwar wedi marw ar ôl cymryd gormod o Diconal.'
'Dyna'r pwynt,' meddai'r cysylltwr, 'a dw i eisiau gw'bod o ble cafodd Steve y Diconal.'
'Wel, Steve, 'dyn ni'n aros,' meddai Charles.
Edrychodd Steve o un i'r llall, cyn ateb yn araf,
'Ffrind imi, Boss . . . ffrind imi wedi cael peth yn rhad . . .'
'Ac roeddet ti'n meddwl gwneud elw bach i ti dy hun,' cyhuddodd Charles.
'Nag oeddwn, Boss . . . wir . . . dw i 'rioed wedi g'neud y peth o'r blaen . . . 'na i mono fo eto, Boss . . . wir, plîs Boss . . .'
'Be' ddigwyddodd, Steve? Deuda'r hanes,' meddai Charles, yn amyneddgar.
'Wn i ddim, Boss . . . wn i ddim . . . yn wir i chi . . .'
'Mae'n debyg fod y ffyliaid wedi malu'r tabledi, wedi eu toddi nhw, ac wedi pwmpio'r stwff i mewn i'w breichiau â nodwydd,' meddai'r cysylltwr.
'Rôn i'n meddwl fod pobl yn llyncu Diconal.' meddai Charles.
'Dyna'r pwynt,' atebodd y cysylltwr, 'mae 'na stwff yn y tabledi sy'n drysu'r system os ydy o'n mynd yn syth i waed

llwfrgi, *coward*	malu, *to crush*
marwolaeth, *death*	toddi, *to melt*
cyhuddodd, *he accused*	nodwydd, *needle*
erioed, *never*	llyncu, *to swallow*

16

rhywun. Ond yr hyn sy'n 'y mhoeni i ydy fod Steve wedi'n rhoi ni i gyd mewn perygl trwy werthu'r stwff.'

'Dw i'n cytuno. Wyt ti'n sylweddoli beth wyt ti wedi'i 'neud, Steve?'

'Dim ond dau fu farw ar ôl y Diconal,' meddai Steve, gan geisio'i gyfiawnhau ei hun. 'Roedd y ddau arall wedi cael braw, ac wedi cymryd cocaine i drio gwrthwneud adwaith y Diconal.'

'Ond roedden nhw wedi marw cyn cyrraedd yr ysbyty,' meddai'r cysylltwr.

'Fydd yr heddlu yn gallu dilyn y trywydd yn ôl atat ti?' gofynnodd Charles.

'Dw i ddim yn meddwl, Boss,' atebodd Steve. 'Na fyddan,' meddai eto'n fwy hyderus, 'roedden nhw'n anymwybodol drwy'r amser.'

'Byddai'n well iti gymryd gwyliau am ychydig o wythnosau,' awgrymodd Charles.

'Iawn, Boss, 'na i fynd ar unwaith,' atebodd Steve, yn falch nad oedd Charles wedi ymateb yn fwy ffyrnig.

'Faint o arian gest ti am y tabledi?'

'Pum punt yr un, Boss.'

'Dyma ugain punt arall iti brynu tocyn i Dun Laoghaire.'

'Diolch, Boss,' meddai Steve, gan roi'r arian yn ei boced.

Trodd Charles at y cysylltwr, a dywedodd,

'Dos di â fo at y trên. Os g'newch chi frysio, fydd o mewn pryd i ddal y cwch tri o'r gloch o Gaergybi.'

'Iawn, Boss,' atebodd y cysylltwr, ac aeth y ddau allan o'r swyddfa.

Caeodd Charles y drws ar eu hôl. Cerddodd at ei ddesg a chododd y ffôn. Gwthiodd y botymau i gysylltu â rhif ffôn yn Nulyn.

Atebwyd y ffôn gan lais Gwyddelig.

'Ydy Sean i mewn?' gofynnodd Charles.

cyfiawnhau, *to justify*
gwrthwneud, *to counteract*
adwaith, *reaction*
dilyn y trywydd, *to follow the lead*

anymwybodol, *unconscious*
dos . . . â fo, *take him*
Gwyddelig, *Irish*

Clywodd lais y ddynes yn gweiddi ar rywun ar ben arall y lein. Yna daeth llais cyfarwydd Sean i'w glust. Ar ôl cyfarch ei gyfaill, meddai Charles, 'Eisiau iti drefnu damwain fach yn Dun Laoghaire . . .' Rhoddodd fanylion i'r Gwyddel yn ofalus. Fyddai Steve byth yn gweld Lerpwl eto. Roedd 'y Boss' am sicrhau na fyddai'r heddlu yn gallu cysylltu'r marwolaethau â Charles Wright.

cyfarwydd, *familiar*
trefnu, *to arrange*
damwain, *accident*

manylion, *details*
sicrhau, *to ensure*

Pennod 4

Ar ôl i Steve a'r cysylltwr adael, ac ar ôl gorffen trefnu marwolaeth Steve, gwthiodd Charles fotwm ar ei ddesg i alw rheolwr y clwb ato. Gweithiodd y ddau yn ofalus drwy lyfrau ariannol y clwb gan wneud yn siŵr fod y cyfrifon yn iawn. Roedd y clwb yn un llwyddiannus iawn, ac yn ddefnyddiol iawn i guddio arian budr y farchnad gyffuriau.

Am hanner awr wedi deg aeth y ddau drwy ddrws y swyddfa i mewn i'r clwb. Yno roedd gorchudd dros yr olwynion roulette a'r byrddau cardiau, ac roedd y clwb mor dawel â'r bedd. Roedd y seddau melfed, coch yn wag a'r goleuadau yn dywyll. Ym mhen pella'r stafell roedd y dyn y tu ôl i'r bar yn golchi gwydrau ac yn paratoi'r bar i'w agor am hanner dydd. Cerddodd Charles a'r rheolwr allan i'r cyntedd. Ar y chwith, wrth fynd allan o'r stafell gamblo, roedd drysau'n arwain i sinema'r clwb. Trodd y ddau i'r dde, ac i mewn i'r stafell fwyta foethus. Y tu mewn i'r stafell, wrth y drws, roedd bar oedd yn arbenigo mewn gwinoedd o bob math. O flaen y bar roedd byrddau bychain, mewn hanner cylch, yn wynebu llwyfan fechan. Roedd y tŷ bwyta yma'n boblogaidd iawn dros amser cinio. Roedd ganddo enw da am fwyd ardderchog am bris rhesymol ond hefyd, ar y llwyfan fechan, byddai deg o ferched yn eu tro yn tynnu eu dillad i blesio'r dynion busnes.

Roedd hanner dwsin o ferched newydd yn aros amdanyn nhw. Roedd Charles a'r rheolwr eisiau dewis dwy act newydd y bore hwnnw. Eisteddodd y ddau o flaen y llwyfan, a dechreuodd y gerddoriaeth. Ymddangosodd merch ddu ar y llwyfan. Roedd hi'n gwisgo bicini o groen llewpart, ond doedd Charles ddim yn edrych ar ei dillad na'i chorff. Roedd o'n syllu ar y neidr yn llithro ar hyd ei chroen. Gorffennodd y

cyfrifon, *accounts*
cuddio, *to hide*
gorchudd, *cover*
arbenigo, *to specialize*

llwyfan, *stage*
ymddangos, *to appear*
croen llewpart, *leopard skin*
neidr, *snake*

19

ferch ddu ei dawns yn gwisgo'r neidr yn unig. Penderfynodd y ddau roi gwaith iddi hi.

Newidiodd y gerddoriaeth, o gerddoriaeth y jyngl i record o'r deg uchaf yn y siartiau pop. Daeth geneth ifanc ar y llwyfan a thynnodd ei dillad yn nerfus. Diolchodd y rheolwr iddi, ond doedd dim gwaith iddi ar hyn o bryd. Fel y dywedai Charles yn aml, roedd o'n edrych am ferched oedd yn gallu symud yn rhywiol wrth dynnu eu dillad yn hytrach na merched oedd dim ond yn taflu eu dillad yn swp ar y llawr.

Ar ôl awr bleserus, roedden nhw wedi rhoi gwaith i hanner y merched newydd. Gadawodd Charles y rheolwr i drefnu cytundebau efo'r merched ac aeth yn ôl i'w swyddfa. Erbyn hyn, roedd y merched oedd yn delio'r cardiau a dynion y byrddau roulette yn paratoi eu byrddau i gymryd arian y trueiniaid oedd yn meddwl ennill arian y clwb.

Cafodd frechdan golwyth i'w ginio, cyn gadael y clwb a chychwyn gyrru ei Mercedes tuag at y draffordd. O fewn awr a hanner roedd o'n parcio'r car ym maes parcio'r Ganolfan Arddangosfeydd Genedlaethol y tu allan i Birmingham.

Cerddodd i mewn i'r prif adeilad ac o'i flaen gwelai gychod o bob math. Hwylio oedd prif ddiddordeb ei oriau hamdden, a byddai'n mynd i'r Sioe Gychod ddiwedd bob Chwefror. Cerddodd yn chwilfrydig o amgylch y stondinau. Yng nghanol y neuadd enfawr, roedd cychod yn nofio ar lynnoedd arti-ffisial, a'r merched yn eu dillad nofio yn denu llygaid yr ymwelwyr tuag at y cychod mawr newydd.

O gwmpas ymyl y neuadd, roedd stondinau llai yn gwerthu offer hwylio, offer electronig i hwyluso'r gwaith, offer achub, dillad addas, defnyddiau coginio a geriach o bob math. Cerddodd Charles o gwmpas y stondinau offer electronig yn gyntaf, lle y gwelodd arddangosfa ar sut i ddefnyddio'r offer sonar newydd. Yna aeth i gasglu mwy o fanylion am y ras

swp, *a heap*
cytundebau, *contracts*
trueiniaid, *unfortunates*
golwyth, *steak*

canolfan arddangosfeydd, *exhibition centre*
hwylio, *sailing*
offer, *equipment*
geriach, *tackle*

20

hwylio o gwmpas Prydain. Roedd trefnydd y ras yn falch o'i weld a chafodd baned o goffi am ddim, mewn cwpan blastig.

Sylwodd ar y Cat 26, cwch hwylio wyth metr o hyd, yn union yr un fath â'r cwch oedd ganddo fo wedi'i angori wrth y cei yn y Felinheli. Aeth at y stondin i siarad â chynrych-iolydd y cwmni oedd yn gwerthu'r catamaráns. Dros baned arall o goffi, bu'r ddau yn trafod rhagoriaethau a gwendidau cychod dau neu dri hwl o'u cymharu â chychod traddodiadol, un hwl. Esboniodd Charles wrtho ei fod am brynu cwch newydd i gystadlu yn y ras.

'Wel, dewch i edrych ar hwn 'te,' meddai'r cynrychiolydd, gan ddangos catamarán melyn a gwyn drws nesaf. Camodd y ddau ar fwrdd y cwch. 'Dyna'r un dych chi eisiau, y Cat 31, catamarán 9.6 metr o hyd a'r mast alwminiwm 'ma yr un uchder. Mae o dipyn yn fwy na'r cwch sy gennych chi, ond mae o'n gynt ac yn fwy sefydlog mewn storm.'

'Dw i'n gweld,' meddai Charles, 'a dau hwl o wydr ffeibr?'

'Ie, dyna chi, i'w gadw fo'n ysgafn. Dych chi'n gallu mynd yn gynt os ydy'r cwch ar wyneb y dŵr.'

'Ond beth am y trimarán?' gofynnodd Charles. 'Mae 'na rai'n trio 'mherswadio i i gael trimarán.'

'Wel, faswn i'n anghytuno efo nhw,' meddai'r gwerthwr. 'Os ydych chi wedi sylwi, mae dau hwl allanol y trimarán yn tyfu'n fwy bob blwyddyn, er mwyn cael mwy o hynofiant, ac erbyn hyn mae'r hwl yn y canol bron yn ddiwerth. Waeth ichi dd'eud mai catamaráns ydyn nhw.'

'Dw i'n cytuno,' meddai Charles. 'Dw i wedi bod yn edrych ar bobl yn hwylio'r trimarán ac mae'r hwl sy ar ochr y gwynt allan o'r dŵr beth bynnag, ac felly waeth ichi ddeud fod traean o bwysau'r cwch allan o'r dŵr.'

'Yn hollol, Syr,' meddai'r gwerthwr, wrth weld nad oedd angen iddo weithio'n galed i argyhoeddi Charles am fanteis-ion catamarán. 'Ond dewch i weld y caban, Syr. Dw i'n meddwl y byddwch chi'n cael eich plesio. Mae o dros bedair troedfedd ar ddeg o led.'

cynt, *faster*   hynofiant, *buoyancy*
sefydlog, *stable*   diwerth, *worthless*
wyneb y dŵr, *surface*   argyhoeddi, *to convince*

Dringodd y ddau drwy ddrws y caban.

O'i gwmpas, gwelodd Charles gaban moethus, eang. Yn syth o'i flaen, roedd pedair cadair esmwyth hir yn estyn naill ochr i'r bwrdd tuag at flaen y cwch.

'Mae'r ddwy gadair bella' yn dod at ei gilydd i ffurfio gwely dwbl,' meddai'r cynrychiolydd. 'Ond dewch i lawr yma i weld y gweddill.' Camodd Charles i lawr dau ris, i mewn i'r hwl chwith. Roedd digon o le i sefyll yno. O waelod y ddau ris, gwelai wely arall yn rhan ôl yr hwl, a stafell molchi yn y blaen. Rhwng y ddwy stafell roedd cypyrddau dillad ar wal allanol y cwch, a bwrdd siartiau gefn wrth gefn â'r cadeiriau esmwyth yng nghanol y caban.

Dilynodd Charles y gwerthwr i'w stafell molchi.

'Drychwch, mae 'na gawod ar y cwch yma. Does 'na 'run ar eich Cat 26 chi.'

'Defnyddiol iawn,' meddai Charles, gan ddychwelyd i fyny'r grisiau i ganol y caban.

Ar ochr dde'r cwch roedd dau ris arall yn arwain at y gegin, yng nghanol yr hwl dde. Roedd sinc, stof a phopty, gefn wrth gefn â'r seddi yng nghanol y caban. Ar y wal allanol, gyferbyn â'r sinc, roedd lle gwastad i baratoi bwyd, a chwpwrdd yn y gornel. Plygodd y gwerthwr i agor y droriau ond trawodd ei ben yn erbyn cornel y cwpwrdd.

'Dyna beth mae rhywun yn 'i gael am fod yn fyrbwyll,' meddai'r gwerthwr, gan ymddiheuro, 'ond dw i mor awyddus i chi weld popeth.'

'Diolch yn fawr i chi,' atebodd Charles, 'dydy'r cypyrddau 'ma ddim ar y Cat 26 chwaith, ond maen nhw'n ddefnyddiol,' ychwanegodd, wrth weld y siom yn llygaid y gwerthwr.

Aeth y cynrychiolydd yn ei flaen yn frysiog. Y tu draw i'r gegin, ym mhen blaen yr hwl dde, roedd gwely arall, ac yn y tu ôl roedd stafell gadw ddefnyddiol. Roedd Charles wedi'i blesio'n fawr, ac ar ôl gweld y peiriant Yanmar dîsl, a'r offer llywio modern, aethon nhw i edrych ar y ffôn radio a'r radar.

cynrychiolydd, *representative*
gris, *step*
allanol, *external*
gwastad, *flat*

byrbwyll, *rash, impetuous*
stafell gadw, *store room*
llywio, *to steer*

Wrth drafod y pris o ddeg mil ar hugain o bunnoedd, dech-reuodd y gwerthwr restru'r offer ychwanegol oedd ar gael. Cytunodd Charles i wario hanner can mil o bunnoedd ar y cwch a'r offer ychwanegol.

'O'r gorau 'te,' meddai Charles. 'Wnewch chi gymryd arian parod?' Syrthiodd ceg y cynrychiolydd ar agor, ond dywedodd yn frysiog,

'Wrth gwrs, Syr, mae 'na ostyngiad am arian parod.'

Ar ôl trefnu dyddiad cyfleus yng nghanol mis Ebrill i lori gario'r catamarán i'r Felinheli, cytunodd y cwmni i werthu'r hen gwch drosto. Roedd dydd Llun, diwrnod olaf Chwefror, wedi bod yn ddiwrnod hapus i'r ddau ddyn. Roedd y cyn-rychiolydd yn edrych ymlaen at gael ei gomisiwn am werthu'r catamarán ac roedd Charles wrth ei fodd gan ei fod o wedi cael cwch newydd am ddim. Wedi'r cyfan, roedd yn rhaid iddo wario'r hanner can mil o bunnoedd gafodd o gan fanciau Lerpwl ar rywbeth gwerth chweil.

Erbyn wyth o'r gloch, roedd o'n gyrru'r Mercedes drwy'r gyffordd gymhleth sy'n cysylltu'r M5 a'r M6, ar ei ffordd yn ôl i Lerpwl. Ond, wrth yrru'n gyflym ar hyd y draffordd, nid Lerpwl a'r clwb oedd ar ei feddwl, ond y wefr o hwylio'i gatamarán newydd allan o gei'r Felinheli am y tro cyntaf.

---

offer ychwanegol, *(optional) extras*   gostyngiad, *discount*
arian parod, *cash*   am ddim, *free*

Pennod 5

Dydd Gŵyl Dewi oedd hi fore trannoeth, er nad oedd Charles yn dathlu gŵyl y nawddsant hwnnw. Treuliodd y bore yn diogi o gwmpas y tŷ, ac aeth i'r clwb i gael ei ginio. Cafodd gigoedd oer, salad, a ffrwythau a hufen i'w fwyta a photelaid o win Médoc i'w hyfed, tra'n edrych ar gampau'r neidr ar lwyfan y tŷ bwyta.

Am hanner awr wedi un, cerddodd heibio i'r gamblwyr i'w swyddfa. Roedd ganddo fo gyfarfod efo'i gysylltwyr cyffuriau am ddau o'r gloch. Cyrhaeddodd Jim Arnold a Dave Wilson efo'i gilydd. Roedd y ddau dros ddeugain oed ac wedi bod yn gweithio iddo ers dwy flynedd. Roedd Jim Arnold yn gyfrifol am y farchnad LSD. Fel cyn-fferyllydd, oedd wedi cael ei dorri o'r rhestr am dwyllo efo papurau meddyg, roedd o'n ddiolchgar iawn i Charles am ei gyflogi, ond o wybod am ei gefndir, credai Charles fod Jim yn gallu barnu fod yr LSD roedd o'n ei brynu, gan gemegydd o Garno, o ansawdd da.

Dyn du, cyhyrog oedd Dave Wilson ac fel cyn-baffiwr yn y ddinas roedd ganddo lawer o ffrindiau amheus. Fo oedd yn gyfrifol am y cyffuriau amffetamin. Cyffuriau fel Dexedrine, Methedrine a'r 'calonnau porffor' oedd y rhain, cyffuriau sy'n cael eu rhoi, gan feddygon, i gannoedd o bobl sy'n isel eu hysbryd. Ond roedd galw am y cyffuriau gan bobl ifanc y ddinas, er mwyn bywiogi parti neu i hogi'r meddwl ar gyfer arholiadau. Roedd gan Dave Wilson nifer o bobl oedd yn dwyn y cyffuriau o siopau fferyllwyr, o swyddfeydd meddygon, o ysbytai ac o stordai yn y ddinas, ac yn eu gwerthu'n rhad iddo.

Tywalltodd Charles fesur da o wisgi brag i'r ddau ac aillenwodd ei wydr â gwydraid o'r gwin Médoc a ddewisodd

---

nawddsant, *patron saint*	ansawdd, *quality*
cyn-fferyllydd, *former pharmacist*	bywiogi, *to enliven*
papurau meddyg, *prescriptions*	dwyn, *to steal*
barnu, *to judge*	brag, *malt*

Robert Smythe pan gerddodd o drwy'r drws preifat i swyddfa Charles. Dyn tal, gwallt golau, 'snob' deg ar hugain oed oedd Smythe, ac roedd yn gas ganddo weithio i Charles. Roedd o wedi cael ei daflu allan o Ysgol Fonedd Westminster am gymryd cyffuriau, ond roedd ganddo gysylltiadau da yn Llundain ac yn Lerpwl ac roedd o'n cael ei wahodd i'r partïon gorau. Fo oedd yn gyfrifol am y farchnad heroin, a'r unig reswm oedd yn ei orfodi i weithio i Charles oedd fod gan hwnnw luniau amheus ohono wedi eu cloi yn y sêff. Eisteddodd Smythe mewn cadair freichiau yng nghornel y swyddfa, ar wahân i'r lleill.

Paddy Flynn oedd yr olaf i gyrraedd, fel arfer. Fo oedd yr ieuengaf; dyn pump ar hugain oed, oedd wedi ei eni a'i fagu yn un o Wyddelod Lerpwl. Gwisgai jîns a chrys T, ac er ei fod o'n edrych yn aneffeithiol, roedd o'n ddyn uchelgeisiol a oedd yn rhedeg y farchnad marijuana yn frwdfrydig. Gan fod ei waith yn gofyn iddo yfed yn gyson bob nos er mwyn darganfod defnyddwyr a gwerthwyr newydd yn y tafarnau a'r clybiau, doedd o byth yn yfed yn ystod y dydd, felly dewisodd St. Clements i'w yfed. Cariodd ei wydraid o oren a lemwn ac eisteddodd nesa' at Smythe a oedd eisoes yn trafod problemau'r diwrnod cynt.

'. . . damwain y tu allan i'r porthladd yn Dun Laoghaire. Rhaid 'i fod o'n breuddwydio. Roedd o, yn ôl pob tebyg, wedi cerdded allan i'r ffordd, yn syth i lwybr car . . .' meddai Smythe.

Edrychodd Charles yn syn arno'n adrodd hanes 'damwain' Steve. Edrychai'r cysylltwyr ar ei gilydd, ond doedd neb yn mynd i awgrymu nad damwain oedd marwolaeth Steve.

'Wel, mae hynny'n lwcus i ni,' meddai Charles. 'Does 'na ddim cysylltiad rhyngon ni a'r ddamwain 'na nos Sadwrn, rŵan.'

'Falle'n wir,' meddai Dave, 'ond mae'r 'Glas' yn brysur fel gwenyn ar y strydoedd y bore 'ma. Roedden nhw wedi bod

uchelgeisiol, *ambitious*   falle = efallai
eisoes, *already*   y 'Glas' = yr heddlu

yn gweld rhai o 'mhobol i am chwech y bore 'ma. Wedi torri'r drysau i lawr mewn rhai llefydd . . .'

'Maen nhw wedi cymryd llawer o 'ngwerthwyr i i mewn i'r ddalfa hefyd,' ychwanegodd Paddy, 'ond dydyn nhw ddim wedi bod yn gwthio heroin na cocaine, felly fe ddylen nhw fod yn iawn.'

'Wedi'r cyfan, chwilio am werthwyr heroin, cocaine a Diconal fyddan nhw,' nododd Jim.

'Well i ti fod yn ofalus, Bobby bach!' meddai Paddy'n gellweirus.

Edrychodd Smythe yn ffiaidd arno. Doedd o ddim yn hoffi cael ei alw yn 'Bobby', yn arbennig gan Wyddel haerllug.

'Dw i'n iawn, paid ti â phoeni,' atebodd Smythe, yn ffroen-uchel. 'Dw i wedi cael gwared â 'nghyflenwad i i gyd.'

'Be 'ti'n feddwl?' gofynnodd Charles.

'Ddoe . . . ar ôl rhoi Steve ar y trên . . . gwerthais i'r cyfan oedd gen i . . . dim ond gostwng y pris a'i roi o i gyd ar y farchnad.'

'Beth uffarn wyt ti'n trio'i neud?' gofynnodd Charles, gan godi ar ei draed.

'Yn union fel y dywedes i. Dw i wedi cael gwared â'r heroin a'r cocaine i gyd. Dw i'n saff. Os daw'r heddlu i 'ngweld i, fydd dim byd ar ôl.'

Roedd wyneb Charles wedi troi'n goch iawn. Doedd o ddim yn gallu credu ei glustiau ei hun. Roedd ei dymer yn codi'n uwch efo pob gair o geg Smythe. Trodd at y cysylltwr euog, a gwaeddodd,

'Wyt ti wedi . . . wedi . . . i gyd ar unwaith?'

Teimlai Smythe yn anghysurus iawn. Doedd o erioed wedi gweld Charles mewn cymaint o dymer.

'Wyt ti'n sylweddoli dy fod ti wedi'n rhoi ni i gyd mewn perygl?'

'Rôn i'n meddwl . . .,' atebodd Smythe.

'Meddwl? Meddwl ddwedest ti? Dwyt ti ddim yn cael dy dalu am feddwl,' gwaeddodd Charles yn uwch. 'Dw i ddim

haerllug, *cheeky*	euog, *guilty*
ffroenuchel, *haughty*	anghysurus, *uncomfortable*
tymer, *temper*	

yn disgwyl i ben meipen fel ti allu meddwl, y ffŵl, y twpsyn, y pwff balch . . .'

Aeth wyneb Smythe yn goch ac yna'n welw iawn.

'Ara' deg, Boss,' meddai Dave, yn dawel.

Syrthiodd Charles yn ôl i'w gadair.

'Mae'n anhygoel . . . gorlifo'r farchnad . . . gwaith tair blynedd wedi mynd . . . y twpsyn hurt . . .' meddai Charles wrtho'i hun.

'Doeddet ti ddim yn sylweddoli beth fyddai'n digwydd?' gofynnodd Jim.

'Does dim rhyfedd fod y 'Glas' yn neidio,' meddai Dave, wrtho'i hun.

'Mae'n rhaid inni wynebu ffeithiau, Boss,' meddai Jim. 'Does 'na ddim amser i roi'r bai ar bobl rŵan. Rhaid inni benderfynu beth fydd y cam nesa'.'

'Ti'n iawn Jim,' meddai Charles, yn fwy tawel.

'Rhaid inni roi'r gorau iddi am gyfnod,' meddai Dave.

'Dw i'n cytuno,' dywedodd Jim. 'Alla i drefnu fod yr LSD yn aros yng Ngharno am fis arall. Mi â i yno ar unwaith, y p'nawn 'ma.'

'Dw i'n meddwl ein bod ni braidd yn frysiog,' nododd Paddy. 'Dylen ni weld beth sy'n digwydd ar y stryd, cyn inni benderfynu.'

'Dw i'n cytuno efo Paddy,' meddai Charles. 'Efallai fod gweithgarwch yr heddlu'n digwydd oherwydd rhyw ffactor arall. Byddai'n well inni gael mwy o ffeithiau.'

Ar ôl pwyso a mesur ymhellach, dywedodd Charles wrthyn nhw am gasglu mwy o wybodaeth, ac i gyfarfod yn yr un lle, a'r un amser, y diwrnod canlynol. Cerddodd Smythe allan, heb ddweud gair.

---

pen meipen, *blockhead*
gorlifo, *to flood*

rhoi'r gorau i, *to put a stop to*
gweithgarwch, *activity*

Pennod 6

Cyrhaeddodd Smythe y cyfarfod yn gynnar iawn ac ar ôl ymddiheuro i Charles cafodd faddeuant am y tro, a rhannodd y ddau gimwch thermidor blasus a photelaid o win Chablis i ginio. Roedden nhw'n yfed eu coffi pan gyrhaeddodd y tri arall.

'Mae'n ymddangos fod y panig drosodd,' meddai Jim.

'Dydy'r 'Glas' ddim ar y stryd heddiw, beth bynnag,' cytunodd Dave.

'Maen nhw wedi rhyddhau 'ngwerthwyr i hefyd,' ychwanegodd Paddy. 'Dim ond un neu ddau sy'n dal yn y ddalfa, a rheiny am fod yr heddlu wedi dod o hyd i 'hash' yn eu tai.'

''Wnân nhw ddweud wrth yr heddlu amdanat ti?' gofynnodd Charles.

'Na wnân,' atebodd Paddy. 'Maen nhw'n Wyddelod, ac maen nhw'n casáu'r heddlu.'

Bu'r pump yn trafod y sefyllfa ymhellach, am ddwy awr a mwy. Yn ôl Smythe, roedd yr heddlu wedi cymryd tua chant o ddefnyddwyr cyffuriau a thua deugain o werthwyr i swyddfa'r heddlu. Cytunodd y pump fod yr heddlu yn holi hefyd bobl nad oedden nhw'n gweithio i Charles, a doedd dim arwyddocâd yn y ffaith eu bod wedi dal rhai o weithwyr Charles. Fel y dywedodd Paddy wrthyn nhw, doedd dim byd yn arbennig yn eu cysylltu nhw ag ymgyrch yr heddlu.

Penderfynodd Charles fynd ymlaen â'r gwaith o werthu cyffuriau, ond cytunodd pawb y dylai Smythe atal gwthio'r heroin am gyfnod. Awgrymodd Charles y dylai fynd i lawr i Lundain am wyliau, a chytunodd Smythe yn awyddus, gan ddweud y byddai'n gyfle da i gysylltu â phobl newydd yn y brifddinas. Gorffennodd y cyfarfod ar nodyn llawer hapusach na'r diwrnod cynt, ac o fewn awr i ddiwedd y cyfarfod roedd Charles yn ei Mercedes yn gyrru tuag at y Felinheli.

ymddiheuro, *to apologize*   ymddangos, *to appear*
maddeuant, *forgiveness, pardon*   arwyddocâd, *significance*

28

Treuliodd y diwrnod canlynol yn hwylio'i gwch o amgylch Ynys Môn, a'r diwrnod wedyn cododd y cwch o'r dŵr am y tro olaf a'i baratoi ar gyfer y lori fawr fyddai'n ei gasglu o fewn tair wythnos. Gwaith prysur oedd clirio ei eiddo o'r cwch. Roedd o wedi casglu llawer o fân bethau i'r cwch dros y blynyddoedd. Byddai rhai ohonyn nhw'n ddefnyddiol ar y catamarán newydd ac roedd pethau diwerth hefyd yn werth eu cadw am resymau sentimental. Cariodd y cyfan i'w dŷ wrth y cei, a threuliodd y noson honno'n mynd trwy nifer o bethau nad oedd wedi eu gweld ers blynyddoedd, oherwydd ei fod wedi eu cadw'n ofalus yng nghefn rhyw gwpwrdd yng nghaban y cwch.

Archwiliodd y siartiau oedd ganddo, i wneud yn siŵr fod ganddo siart am bob rhan o'r daith o gwmpas Prydain. Gwnaeth nodyn i'w atgoffa i brynu siart oedd yn dangos arfordir dwyrain yr Alban; siart Stanford rhif 19, i ddangos de Môr y Gogledd o geg afon Tafwys yn y Gorllewin at arfordir Gwlad Belg a'r Iseldiroedd yn y Dwyrain; a siart Imray rhif C8, a ddangosai fanylion am Gulfor Dover.

Gwnaeth restr arall o'r bwyd y byddai arno ei angen yn ystod y ras, glanhaodd yr heli o'r offer roedd wedi ei dynnu o du allan y cwch a threfnodd amserlen ymarfer ar gyfer y ras. Roedd yr amser yn brin, ond roedd o wedi cael ei dderbyn fel ymgeisydd hwyr. Cafodd brofiad o rasio cychod hwylio pan oedd o efo'r S.A.S., ac roedd o wedi hwylio'n rheolaidd ers hynny. Roedd o'n hyderus yn ei allu fel hwyliwr, ond byddai'n rhaid iddo drefnu amser i gynefino â hwylio'i gatamarán newydd.

Fore Sadwrn, dychwelodd i Lerpwl, a gyrrodd yn syth i'r clwb. Doedd o ddim yn poeni am broblemau beunyddiol y clwb. Roedd Fred Rogers, rheolwr y clwb, yn ddyn dibynadwy, pymtheg ar hugain oed, ac roedd Charles yn hapus i adael iddo redeg y lle yn ei ffordd effeithiol ei hun. Roedd y

eiddo, *belongings*
diwerth, *useless*
Tafwys, *Thames*
arfordir, *coast*
Iseldiroedd, *Netherlands*

culfor, *straits*
heli, *salt water*
cynefino â, *to become accustomed to*
beunyddiol, *daily*
dibynadwy, *dependable*

clwb bob amser yn brysur ar nos Sadwrn, a chrwydrai Charles o gwmpas yr ystafelloedd yn gwneud yn siŵr fod ei gwsmeriaid yn mwynhau eu hunain. Erbyn pedwar o'r gloch fore Sul roedd Fred yn cloi dros gan mil o bunnoedd yn y sêff yn swyddfa Charles.

'Cadw dy lygad ar fwrdd wyth, Fred,' meddai Charles. 'Dw i'n amau fod gan yr eneth sy'n delio'r cardiau *vingt-et-un* fysedd gludiog.'

'Wna i, Boss. Dw i wedi'i rhybuddio hi o'r blaen.'

'Wel, gwna beth wyt ti'n feddwl sy orau. Dw i'n mynd adre' rwân. Nos da.'

Gadawodd Charles i Fred ddiffodd y golau a chloi'r clwb, a gyrrodd adref yn ei Mercedes, a'r eneth ddu, heb ei neidr, yn gwmni iddo.

Treuliodd Fred a Charles ddechrau'r wythnos wedyn yn gweithio ar lyfrau'r clwb. Daeth y cyfrifydd i archwilio'r fantolen, ac ar ôl rhai dyddiau o holi cwestiynau a manylu ar y derbyniadau a'r taliadau, arwyddwyd y llyfr i ddangos eu bod nhw'n gywir. Doedd Charles ddim yn rhy hoff o waith ysgrifenedig, ond roedd o'n rhoi help llaw i Fred ddiwedd y flwyddyn ariannol. Erbyn dydd Iau olaf mis Mawrth, roedd y llyfrau'n barod i gael eu harchwilio gan dîm o'r Bwrdd Hapchwarae.

Y noson honno, daeth sŵn curo ar ddrws preifat swyddfa Charles. Daeth Jim i mewn a'i wynt yn ei ddwrn.

'Dych chi wedi clywed y newyddion, Boss? . . . ymgyrch arall gan yr heddlu . . . wedi cymryd miloedd i'r ddalfa . . . dros y wlad i gyd . . .'

Tywalltodd Charles wisgi bob un iddyn nhw, ond aeth Jim yn ei flaen.

'Ar ôl y cyflenwyr y tro yma, yn ôl y sôn. Dw i wedi ffônio'n pobl ni, ond does 'na ddim ateb . . .'

Roedd Jim yn prynu ei gyflenwad o LSD o labordy mewn ffermdy ger Carno.

'Dw i'n gweld,' meddai Charles, yn fyfyriol.

---

gludiog, *sticky*
cyfrifydd, *accountant*

ymgyrch, *campaign*
yn fyfyriol, *thoughtfully*

Llyncodd Jim y wisgi ac aeth i ail-lewni ei wydr.

'Byddai'n well iti yrru i lawr i Garno, ond paid â mynd i'r fferm. Cer i'r dafarn agosa'. Os ydy'r heddlu wedi bod yno, fyddan nhw'n siŵr o fod yn trafod y peth.'

'O'r gorau, Boss,' meddai Jim.

'Ond cofia, paid â mynd yn agos i'r fferm. Dw i ddim eisiau i'r heddlu ddilyn dy drywydd di'n ôl ata i.'

'Peidiwch â phoeni, Boss. Does dim byd yn eich cysylltu chi efo Carno.'

'Dim ond ti. Byddai'n well i ti beidio â dod yma eto. Dw i ddim eisiau'r heddlu yn curo ar y drws acw.'

Ar y gair, daeth sŵn o du arall i'r drws preifat. Rhewodd y ddau. Edrychodd Jim yn ofnus ar Charles, ac edrychodd o'n fygythiol ar Jim.

'Ddaru nhw mo 'nilyn i, Boss. Wnes i'n siŵr nad oedd neb yn 'y nilyn i.'

Cerddodd Charles yn ddistaw at y drws, a'i agor yn sydyn.

Syrthiodd Dave i mewn i'r swyddfa.

'Be' uffarn . . .'

'Ddrwg gen i, Boss,' meddai Dave, '. . . clywed sŵn lleisiau, ac eisiau bod yn siŵr nad oedd yr heddlu yma.'

'Tyrd i mewn Dave, a helpa dy hun i'r wisgi.'

Tywalltodd Dave lond gwydraid o'r wisgi.

'Dych chi wedi clywed am ymgyrch ddiweddara'r heddlu?'

'Mae Jim yn dweud yr hanes wrtha i, rŵan,' meddai Charles.

'Newydd gael galwad o Lundain,' ychwanegodd Dave. 'Roedd Bob Smythe yn un o'r bobl gafodd ei ddal mewn parti yn Mayfair.'

'O na,' meddai Jim. 'Doeddwn i ddim wedi clywed hynny.'

'Dw i'n gweld,' meddai Charles yn dawel.

Gwyddai Charles mai Smythe oedd y gwannaf o'r cysylltwyr. Gwyddai hefyd y byddai Smythe yn barod i daro bargen efo'r heddlu petai'n cael cyfle i gael y lluniau yn ôl. Trodd at y ddau gysylltwr o'i flaen, a dywedodd,

dilyn, *to follow* galwad, *a call*
trywydd, *trail* gwannaf, *weakest*

'Jim, cer di i ddarganfod beth sy wedi digwydd yng Ngharno, a Dave, dw i eisiau i ti gadw llygad ar beth sy'n digwydd yn Llundain.'

Rhoddodd Charles y gwydrau'n ôl ar y cwpwrdd diod.

'Gair bach cyn iti fynd, Dave,' meddai Charles wrth y dyn du.

'Os ydy Smythe wedi siarad, dw i ddim eisiau ei weld o eto, wyt ti'n 'y neall i?'

Edrychodd Dave yn syth i fyw llygaid Charles, a dywedodd, 'Dw i'n deall, Boss. Allwch chi ddibynnu arna i. Wna i gymryd trip bach i lawr i'r 'mwg' i weld beth sy'n digwydd.'

Cerddodd Dave allan, gan adael Charles yn myfyrio ar ei broblemau. Roedd y rhwyd yn dechrau cau ond allen nhw brofi dim. Doedd dim byd yn cysylltu Charles Wright â'r busnes cyffuriau. Yn sydyn, cofiodd am y llyfryn bach du yn y sêff, y llyfryn oedd yn nodi derbyniadau'r farchnad gyffuriau. Doedd o erioed wedi rhoi nodyn ysgrifenedig i'r un o'r cysylltwyr, ac roedd o bob amser yn bwydo'r arian drwy lyfrau'r clwb. O bryd i'w gilydd, byddai'r llyfrau'n dangos bod rhywun wedi ennill swm enfawr ar y bwrdd gamblo. Byddai Charles yn trefnu talu'r enillion ffug i'w gyfri' cudd mewn banc yn Zurich. Na, roedd o'n fodlon. Petai'n cael gwared â'r llyfr, fyddai dim tystiolaeth gan yr heddlu yn ei erbyn o. Rhoddodd y llyfryn du, a'r lluniau amheus o Robert Smythe, yn ei boced. Rhaid oedd eu cuddio nhw'n ofalus. Penderfynodd yrru ar ei union i'r Felinheli, a chuddio'r dystiolaeth yno.

Arhosodd yn y Felinheli'r noson honno, ond roedd o'n ôl yn Lerpwl cyn deg fore trannoeth. Treuliodd y bore yn newid llyfrau'r clwb, i brofi fod yr arian dalodd am y catamarán newydd yn ymddangos ar y fantolen fel benthyciad o gyfri' banc y clwb.

Tua dau o'r gloch y prynhawn, cafodd alwad ffôn gan Jim.

'Newydd drwg, dwi'n ofni. Mae'r ymwelwyr wedi bod.'

---

dibynnu ar, *to depend on*
'y mwg' = 'the smoke' (Llundain)
myfyrio, *to meditate*

rhwyd, *net*
enillion ffug, *false winnings*
benthyciad, *a loan*

'Dw i'n deall,' meddai Charles. 'Paid â d'eud mwy. Tyrd yn ôl ar unwaith.' Rhoddodd y ffôn yn ôl yn ei le.

Rhegodd Charles yn uchel. Roedd pethau'n mynd o ddrwg i waeth. Roedd o wedi gorfod atal y farchnad heroin, roedd yr heddlu newydd atal ffynhonnell yr LSD ac roedd Dave yn cael trafferth i ddod o hyd i gyflenwadau o gyffuriau, am fod y lladron arferol yn cadw'n ddistaw am rai dyddiau ar ôl holl weithgarwch yr heddlu yn yr ardal. Cyn belled ag y gwyddai, roedd y farchnad marijuana, dan ofal Paddy, yn iawn. Penderfynodd fynd i weld Paddy.

Taniodd beiriant y Mercedes a gyrrodd i lawr at hen ran dociau Lerpwl, ar lan afon Merswy. Gyrrodd rhwng y stordai uchel, oedd unwaith yn brysur gan sŵn dadlwytho cotwm a gwlân, a pharciodd y car wrth hen gei. Taniodd sigâr, a disgwyliodd am y Gwyddel.

Ar ôl iddo aros am tua hanner awr clywodd sŵn cwch pysgota yn cyrraedd yr harbwr. Gwelodd ddwylo cryf Paddy wrth y llyw. Byddai Paddy yn helpu ewyrth iddo o bryd i'w gilydd, trwy fynd allan i bysgota yn y môr i ddal pysgod ffres ar gyfer siop bysgod a sglodion ei ewyrth. Doedden nhw ddim yn gorfod dal llawer ac, fel arfer, byddai pysgota ddwywaith yr wythnos yn rhoi digon o bysgod iddyn nhw am yr wythnos gyfan.

Dringodd Charles allan o'i gar a daliodd y rhaff i glymu'r cwch pysgota i'r lan. Neidiodd Paddy ar y gris olaf a dringodd i ben y cei.

'Popeth yn iawn?' gofynnodd Charles.

'Ydy, diolch,' atebodd Paddy, er bod ganddo boen yn ei stumog.

'Dw i ddim yn sôn am dy iechyd di. Sut mae'r busnes?'

'Yn iawn,' meddai Paddy. 'Pam wyt ti'n gofyn? Be' sy'n dy boeni di rŵan?'

Dywedodd Charles yr hanes wrth Paddy, tra oedd y Gwyddel yn dadlwytho'r pysgod o'r cwch pysgota i gefn fan

---

rhegi, *to swear*
stordai, *warehouses*

ewyrth, *uncle*
dadlwytho, *to unload*

oedd ar ben grisiau'r cei. Sylwodd Charles fod dau gwdyn plastig du yng nghanol y pysgod.

'Wel, mae popeth yn iawn efo dy ochr di i bethau, dw i'n gweld,' meddai Charles, gan wenu.

'Ydy. Roedd y 'pysgod' du 'ma 'n aros amdana i, fel arfer.'

Chwarddodd y ddau. Ciliodd y boen o stumog y Gwyddel. Roedd o'n cael y poenau 'ma'n fwy aml yn ystod yr haf.

Doedd neb arall o gwmpas. Roedd ewyrth Paddy yn tacluso'r cwch yn yr harbwr islaw. Dringodd Paddy i gefn y fan. Agorodd y Gwyddel un cwdyn, a gwelodd Charles floc o resin brown tua maint llyfr. Cododd Paddy y resin at ei drwyn.

'Mae'r ffynhonnell sy gen i yn Amsterdam yn anfon stwff o ansawdd da,' meddai Paddy. 'Dipyn o hwn wedi'i gymsygu efo tobaco . . . fyddwn ni'n g'neud ein ffortiwn eto.'

'A dyna sut beth ydy hashish,' meddai Charles. 'Dw i ddim yn cofio'i weld o fel resin o'r blaen.'

'Mae'n haws i'w smyglo fo fel hyn,' atebodd Paddy. 'Dw i'n talu'n dda i ryw dri o forwyr sy'n hwylio'n rheolaidd rhwng Lerpwl a Rotterdam. Maen nhw'n casglu'r 'hash' o Amsterdam ac yn ei smyglo ar fwrdd y llong. Wedyn, pan maen nhw'n cyrraedd ceg afon Merswy, maen nhw'n taflu'r cyffuriau i'r môr. Maen nhw'n eu rhoi mewn cwdyn plastig ac yn clymu potel blastig wag at y cwdyn. Mae gen i syniad go lew pryd mae'r llong yn cyrraedd Lerpwl, ac mi fydda i'n casglu'r cydau'n fuan wedyn, ar y ffordd i bysgota.' Gwingodd Paddy eto. Roedd y boen yn ei stumog yn ôl, ond ceisiodd guddio'r boen rhag Charles.

Daeth sŵn pesychu y tu ôl iddyn nhw. Roedd ewyrth Paddy yn dringo'r grisiau i ben y cei. Caeodd Paddy y cwdyn.

'Dw i wedi dweud wrtho fo mai rhywbeth i'r IRA ydy'r 'pysgod du' 'ma. Felly dydy o ddim eisiau gwybod mwy amdanyn nhw. Dydy o ddim yn gwybod am y cyffuriau o gwbl.'

cwdyn, *bag*   ceisio, *to try*
ffynhonnell, *source*

34

Gwenodd Charles, a theimlai'n hapus ei fod o wedi dewis Paddy i'r gwaith.

'Wel, mae'n rhaid imi fynd,' meddai. 'Hwyl rŵan, a chofia fynd i weld y doctor ynglŷn â'r poenau 'na yn dy stumog.'

'Sut wyt ti'n gw'bod am . . .?'

'Mae gen i lygaid, on'd oes?' atebodd Charles, gan gerdded yn ôl at ei gar.

Roedd o'n hoffi Paddy. Roedd y Gwyddel yn uchelgeisiol ond roedd o'n gweithio'n ofalus. Ac, yn fwy pwysig, roedd o'n ei gadw'i hun o olwg yr heddlu. Yn sydyn, penderfynodd Charles alw yn swyddfa ei gyfreithiwr. Yno, trefnodd bapurau a fyddai'n rhoi partneriaeth i Paddy yn y clwb hapchwarae. Byddai'r Gwyddel yn siŵr o wneud partner da, a gan nad oedd gan Charles deulu, roedd o wedi dechrau edrych ar Paddy fel mab iddo. Penderfynodd gadw'r trefniadau'n gyfrinach rhyngddo fo a'r cyfreithiwr, tan ar ôl y ras hwylio. Wedyn, byddai gan Charles ddigon o amser i hyfforddi'r Gwyddel, ac roedd o'n sicr y byddai Paddy yn ddysgwr cyflym.

Ar ôl gorffen y trefniadau, gyrrodd adref i fwynhau noson yn edrych ar ffilm gowboi ar y teledu.

cyfreithiwr, *solicitor*
trefniadau, *arrangements*

cyfrinach, *a secret*
hyfforddi, *to train*

Pennod 7

Fore trannoeth, roedd Jim yn aros amdano pan gyrhaeddodd Charles y clwb, ac yn ysu am ddweud yr hanes am ymgyrch yr heddlu yng Ngharno.

'Mae'n debyg fod yr heddlu wedi bod yn gwylio'r tŷ ers wythnosau,' meddai Jim. 'Yn ôl y tafarnwr, roedden nhw wedi symud dyn a dynes i fyw yn y ffermdy nesa', ac roedden nhw wedi bod yn cadw llygad ar y mynd a'r dod.'

'Oedd ein pobol ni wedi amau rhywbeth?' gofynnodd Charles.

'Nag oedden, mae'n debyg,' atebodd Jim. 'Roedden nhw wedi dod yn ffrindiau efo'u cymdogion yn ôl yr hanes, ac wedi bod yno'n cael swper efo nhw.'

'Welest ti'r lle?'

'Naddo. Es i ddim yn agos. Roedd 'na ddigon o drafod ar y mater yn y dafarn. Mae'n debyg fod yr heddlu wedi amgylchynu'r tŷ ar doriad gwawr, a bod un o'r bobl oedd yn aros drws nesa' wedi mynd at y fferm. Roedden nhw wedi dal ein pobl ni yn cysgu yn y llofft.'

'Felly, mae'r heddlu wedi dod o hyd i bopeth,' meddai Charles.

'Mae'n edrych yn debyg,' atebodd Jim, 'ond roedd hi wedi cymryd drwy'r dydd iddyn nhw ddarganfod y drws cudd i lawr i'r labordy yn y seler.'

'Oedd 'na LSD yno'n barod, neu dim ond yr offer?'

'Wel, yn anffodus, roedd 'na lawer o LSD yn barod. Os dych chi'n cofio, rôn i wedi gorfod gofyn iddyn nhw gadw stoc bythefnos yn ôl oherwydd ein problemau ni yma. Felly roedd ganddyn nhw fwy o stoc nag arfer yn barod.'

'Dw i'n gweld,' meddai Charles, 'ac felly does gen ti ddim wrth gefn ar hyn o bryd.'

'Nag oes,' meddai Jim. 'Mae gen i ddigon tan y penwythnos, dyna i gyd.'

cymdogion, *neighbours*   darganfod, *to discover*
amgylchynu, *to surround*

'Wel, dw i'n meddwl y byddai'n well i ti ddiflannu, am ychydig,' meddai Charles. 'Os ydyn nhw wedi bod yn gwylio'r ffermdy ers rhai wythnosau, fyddan nhw wedi dy weld di, neu hyd yn oed wedi tynnu dy lun di.'

'Bobol annwyl, dôn i ddim wedi meddwl am hynna,' meddai Jim. 'Fyddai'n well imi ddiflannu heno?'

'Byddai,' cytunodd Charles.

Edrychodd Jim Arnold yn bryderus ar ei sgidiau, ac yna cafodd syniad.

'Mae gen i ffrind sy'n byw yn Ffrainc. 'Wna i fynd i aros efo fo.'

'Syniad da. Rho'r cyfeiriad imi, a 'wna i adael iti wybod pan fydd pethau wedi tawelu.'

'Diolch, Boss,' meddai Jim, ac ysgrifennodd gyfeiriad ei ffrind ar ddarn o bapur, cyn gadael y swyddfa. Aeth Charles yn ôl at ei waith.

Cafodd Charles ei fwyd yn y swyddfa y noson honno. Dros blatiaid o hwyaden mewn saws oren, sglodion a llysiau cymysg, meddyliodd am ei sefyllfa. Yn ariannol, roedd o'n gyfforddus. Doedd dim angen yr arian arno fo, a doedd o ddim yn poeni gormod fod dwy ran o'i farchnad werthu cyffuriau wedi gorfod cau, dros dro. Wedi'r cyfan, roedd y clwb yn rhoi elw da iddo. Ond roedd o'n hoffi'r grym oedd yn gysylltiedig â rheoli bywydau cymaint o bobl y ddinas, hyd yn oed os oedd o'n difetha bywydau llawer o bobl ifanc ddiniwed. Ond os oedd yr heddlu ar drywydd rhai o'r bobl, roedd yn fwy diogel i stopio am gyfnod.

Wrth iddo fwynhau sigâr efo'i goffi, daeth galwad ffôn oddi wrth Dave.

'Mae'n cyfaill ni allan,' meddai'n syml.

'Ydy o wedi siarad?' gofynnodd Charles.

'Dw i ddim yn meddwl. Mae o'n ddigon o actor i allu cogio mai defnyddiwr diniwed mewn parti oedd o, ac mae o'n nabod digon o bobl ddylanwadol i fedru taflu ychydig o enwau pwysig o gwmpas.'

diflannu, *to disappear*   cogio, *to pretend*
hwyaden, *duckling*   dylanwadol, *influential*
grym, *power*

37

'Mae hynny bob amser yn ddefnyddiol,' meddai Charles. 'Mae o wedi bod yn lwcus. Mae'n well iti ddod yn ôl adre', ond cofia sicrhau nad ydy'n cyfaill ni wedi siarad.'

'O'r gorau, Boss,' meddai Dave. 'Wela' i chi 'fory.'

'Dyweda wrth Smythe am beidio â dod yn ôl i Lerpwl, ar hyn o bryd, a faswn i'n hoffi iti drefnu fod rhywun yn cadw llygad ar y gwalch.'

'Iawn, Boss. Dw i ddim yn trystio'r boi, chwaith.'

Rhoddodd Charles y ffôn yn ei le, a cheisiodd anghofio am broblemau'r dydd drwy ddarllen manylion y ras hwylio. Roedd ganddo lawer o ddeunydd i'w ddarllen. Yn ogystal â'r llythyr oedd yn ei dderbyn fel ymgeisydd, roedd rhestrau o'r offer angenrheidiol, awgrymiadau ar gyfer bwyd, offer a dillad addas, a llyfryn ar sut i baratoi'n feddyliol am y trip. Roedd mapiau, dogfennau a manylion llety'r trip i gyd mewn waled blastig i'w cadw'n sych. Dechreuodd ddarllen.

Hwn oedd y tro cyntaf i'r ras gychwyn a gorffen yng Nghaergybi. Roedd hi'n fenter fawr i glwb hwylio bychan, oherwydd roedd yn rhaid trefnu llety i'r ymgeiswyr a'r swyddogion a lle i angori'r pedwar ugain o gychod fyddai'n cymryd rhan yn y ras.

A dweud y gwir, roedd chwe ras, o fewn yr un ras fawr, oherwydd roedd chwe dosbarth o gychod yn hwylio. Roedd yr enwau adnabyddus ym myd hwylio yn cystadlu yn y dosbarthiadau cyntaf. Byddai ganddyn nhw gychod mawr, cyflym; rhai ohonyn nhw'n gychod enwog, wedi eu profi mewn rasys eraill. Byddai'r cyntaf i groesi'r llinell, yn ôl pob tebyg, yn dod o'r dosbarth cyntaf, dosbarth i gychod un hwl neu aml-hwl o dros ddeunaw metr o hyd. Roedd yr ail ddosbarth ar gyfer cychod rhwng 45 a 60 troedfedd, ac roedd dosbarth i gychod llai, oedd dros 12 metr o hyd. Byddai'r cychod mawr yn gorffen y ras mewn tua deunaw diwrnod, ond gallai rhai o'r cychod bach gymryd dros fis i orffen y cwrs. Er mwyn rhoi chwarae teg i'r cychod llai, roedd gwobr

gwalch, *rascal*
deunydd, *material*
yn feddyliol, *mentally*

dogfennau, *documents*
dosbarth, *class*
aml-hwl, *multi-hull*

i enillwyr pob dosbarth. Roedd dau berson yn hwylio cychod mawr y dosbarthiadau uchaf, ond yn nosbarth pedwar, pump a chwech, roedd unigolion profiadol yn cael cystadlu.

Roedd y ras yn cychwyn am un ar ddeg o'r gloch ar y dydd Sadwrn cyntaf ym mis Gorffennaf, ac yn dilyn cwrs efo'r cloc o gwmpas Prydain. Y cam cyntaf fyddai'r byrraf, o Gaergybi at ynysoedd yr Hebrides, drwy'r moroedd peryglus rhwng Gogledd Iwerddon a'r Alban. Oddi yno, roedd pedwar cant ac ugain o filltiroedd cyn cyrraedd Lerwick ar ynysoedd Shetland. Roedd cam tri yn fwy o daith, o Lerwick, bedwar cant saith deg o filltiroedd i Lowestoft drwy foroedd stormus ardaloedd adnabyddus pobl y tywydd, 'Fair Isle', 'Forties', 'Dogger', 'Humber', a Thafwys. Yn ystod y cam hwn byddai'r cychod mawr yn gadael y cychod bach ar ôl. Wedyn, roedden nhw'n gorfod hwylio drwy'r dyfroedd prysuraf yn y byd, trwy Gulfor Dover, dri chan milltir i Plymouth. Oddi yno, byddai Charles yn hwylio tros foroedd roedd o'n eu 'nabod yn dda, ar y cam olaf yn ôl i Gaergybi.

Rhwng pob cam, roedd yn rhaid i bob cychwr aros am o leiaf wyth awr a deugain i orffwys ac i atgyweirio'i gwch. Roedd llawer o'r cystadleuwyr yn cysgu ar eu cychod, ond roedd lle wedi ei baratoi ar eu cyfer yn Castletown, Lerwick, Lowestoft a Plymouth. Rhoddodd Charles y dogfennau lety yn ôl yn y waled.

Roedd o wedi ei gynhyrfu wrth feddwl am y ras, ac yn awyddus i weld ac i hwylio'r catamarán newydd fyddai'n cyrraedd y Felinheli o fewn pythefnos. Ychwanegodd ychydig o bethau at ei restr siopa ar gyfer y ras, ac aeth adref i geisio cysgu.

Treuliodd bythefnos cyntaf mis Ebrill yn prynu nwyddau ac offer ar gyfer y ras. Prynodd siaced achub newydd a dillad i'w gadw'n sych mewn storm. Gan ei fod wedi arfer hwylio ar ei ben ei hun, roedd o'n hyderus fod angen paratoi mwy ar y cwch nag ar ei feddwl cyn y ras. Trefnodd raglen fanwl arall

---

unigolion, *individuals*
profiadol, *experienced*
cam, *step/stage*

dyfroedd, *waters*
atgyweirio, *to repair*
arfer, *accustomed*

i roi digon o amser iddo ymgyfarwyddo â'r catamarán newydd.

Cafodd drafodaeth hir efo Fred ynglŷn â'r clwb, ond roedd y rheolwr yn bendant na fyddai'r clwb yn dioddef petai Charles yn cymryd tri mis gartref o'i waith er mwyn ymarfer ac er mwyn cymryd rhan yn y ras. Roedd Fred yn deall Charles yn iawn. Unwaith y byddai'r catamarán newydd wedi cyrraedd byddai ei feddwl ar hwylio, felly doedd dim pwrpas iddo fod yn treulio'i amser yn y clwb. Ar ôl trefnu popeth yn fanwl, roedd Charles yn hapus y byddai'r clwb yn iawn yn ei absenoldeb.

Felly, b'nawn Sul, yr ail Sul yn Ebrill, gyrrodd Charles i'w dŷ yn y Felinheli. Ar lanw nos Sul, gyrrodd ei hen gwch am y tro olaf drwy lifddorau harbwr y Felinheli i'r cei allanol wrth ochr chwith ceg yr harbwr. Glanhaodd y peiriant a chaeodd ddrws y caban am y tro olaf. Dringodd o'r cwch, a cherddodd yn araf ac yn flinedig at ei dŷ tri-llawr ar lan y Fenai.

ymgyfarwyddo â, *to become familiar with*
absenoldeb, *absence*
llanw, *tide*

lifddorau, *lock gates*
allanol, *outer*

Pennod 8

Roedd ei flinder wedi ei adael pan gododd Charles, ben bore trannoeth. Cafwyd cawodydd Ebrill amser brecwast ond erbyn naw o'r gloch roedd hi'n fore hyfryd. Edrychai Charles ar y lori enfawr oedd wedi teithio dros nos o Shepton Mallet, Gwlad yr Haf, yn gyrru'n araf i lawr at y cei yn y Felinheli. Dim ond dwy fodfedd oedd rhwng paent newydd y catamarán a'r hen wal lechi oedd yn arwain o'r briffordd at y dŵr, ond roedd y gyrrwr yn brofiadol. O'r diwedd llithrodd y catamarán i ddŵr yr harbwr allanol.

'Wel, o leia' mae o'n nofio,' meddai Charles, yn hapus.

'Mae gynnoch chi gwch da'n fanna,' atebodd y gyrrwr.

'Dw i'n gw'bod,' meddai'r perchennog newydd, yn falch.

Erbyn canol y p'nawn roedd Charles wedi ffarwelio â'i hen gwch ar gefn y lori. Heb golli gormod o ddagrau, trodd yn awyddus, a byrddiodd y catamarán newydd oedd wedi'i angori wrth y cei. Galwodd ar yr hen bysgotwyr oedd yn treulio'u hymddeoliad yn hel clecs ar y cei. Rhedodd i nôl potel o siampên Dom Perignon o'r tŷ, a bedyddiwyd y catamarán newydd yn *Prince* i gofio am ei ddyddiau efo'i gyfeillion yn yr S.A.S.

Roedd llawer o'r hen forwyr wrth eu bodd yn archwilio'r cwch newydd, ond roedd eraill yn amau diogelwch cychod aml-hwl.

''Sgin i ddim i'w dd'eud wrth y cychod modarn 'ma,' medd un.

'Be' ti'n feddwl, cychod modarn? On'd oedd y cychod yma'n ca'l eu defnyddio gan bobol Tonga?' atebodd un arall.

'Abel Tasman, hwnnw ddarganfyddodd Tasmania, yn gweld y catamaráns 'ma ym mil chwech pedwar dau. Cychod cyflym oeddan nhw, hefyd.'

cawodydd, *showers*
Gwlad yr Haf, *Somerset*
hel clecs, *to gossip*

bedyddiwyd, *christened*
sgin i = does gen i

41

Aeth yr hen forwyr ymlaen i drafod y cychod, gan lygadu a byseddu popeth.

'Dw i'n cofio gweld y *Manu Kai*,' meddai un, 'cwch braf oedd o. Deugain troedfedd o hyd a thair ar ddeg ar draws.'

'Hwnnw oedd y catamarán cynta' yn y wlad yma yntê?' gofynnodd Charles.

'Dyna chi,' atebodd y morwr. 'Un o gychod Woodridge Brown.'

'Ond mi droth hi drosodd,' cyhuddodd y morwr cynta'.

'Do,' cyfaddefodd y llall, 'ond maen nhw wedi altro'r mast erbyn hyn. Dyna oedd problem y ''cat'' erioed. Gorfod cynnal mast heb ddim byd llawar yn y canol, wel' di.'

'Ond maen nhw'n rhoi hwylbren alwminiwm arnyn nhw rŵan,' meddai Charles.

'Ydan, ydan, ac un da ydi o hefyd,' meddai'r hen longwr.

Roedd hi'n anodd cael y llongwyr i fynd adref, ond roedd Charles wedi mwynhau eu cwmni, ac wedi dysgu dipyn mwy am gychod aml-hwl cyn iddo ddychwelyd i'r tŷ y noson honno.

Cododd yn gynnar fore Mawrth er mwyn dal y llanw i'w gymryd drwy'r llifddorau i harbwr mewnol y Felinheli. Cychwynnodd beiriant *Prince* a gyrrodd y cwch yn ofalus drwy'r llifddorau. Yna, treuliodd ddydd Mawrth a dydd Mercher yn paratoi'r catamarán newydd. Gan ei fod yn hwylio ar ei ben ei hun yn y ras, roedd yn rhaid iddo ychwanegu bachyn yma, dolen acw, stribedi o bren yn sylfaen dda i'w draed fan hyn, stribed arall fan acw i'w ddwylo. Newidiodd y goleuadau a gosododd rai cyffredin yn eu lle, rhag ofn i'r golau fflwroleuol effeithio ar y radio. Gwnaeth yn siŵr fod lle i bopeth a bod popeth yn ei le. Bu'n ymarfer codi a gostwng yr hwyliau'n gyflym, gosododd offer newydd Hepplewhite i ryddhau'r hwyliau'n awtomatig, arbrofodd efo'r offer achub, a symudodd rai o'r defnyddiau angenrheidiol i fod yn fwy cyfleus.

troth = trodd
cynnal, *to support*
hwylbren, *mast*

fflwroleuol, *fluorescent*
rhyddhau, *to release*
arbrofi, *to experiment*

42

Ond doedd dim byd yn profi cwch newydd yn well na thrip ar y môr, ac roedd Charles ar bigau'r drain wrth feddwl am hwylio *Prince* y bore canlynol.

Charles a *Prince* oedd y cyntaf allan o'r harbwr y bore canlynol. Ar ôl gyrru heibio i'r cychod eraill yn y cei, cyrhaeddodd afon Menai. Diffoddodd y peiriant a chododd y brif hwyl. Cydiodd y gwynt yn yr hwyl ar unwaith, ac ymhen dim, roedd Charles yn hwylio heibio i Blasnewydd a cherflun Ardalydd Môn ar lan y Fenai, o dan bont Britannia, heibio i'r trobyllau peryglus, o dan bont grog Telford, a heibio i'r tai urddasol a phier Bangor. Ar ôl iddo adael Biwmares ac Ynys Seiriol o'i ôl, cododd yr hwyl flaen, y 'genoa'. Roedd yr hwyliau Terylene yn rhoi 443 o droedfeddi sgwâr i'r gwynt. Llamodd *Prince* fel sgwarnog ar hyd wyneb y dŵr.

Roedd Charles wrth ei fodd, ac roedd *Prince* yn ymddwyn yn fendigedig. Treuliodd y bore yn arbrofi efo'r hwyliau newydd, yn ôl ac ymlaen ar draws Traeth Coch. Tua chanol dydd, rhwymodd y llyw a gosododd yr offer a'r hwyliau tua'r Gogledd, ac aeth i'r caban i baratoi pryd o fwyd. Roedd hi'n bwysig iddo gynefino â'r gegin newydd. Er mai dim ond cig oer a ffa pob gafodd o, roedd blas ardderchog arnyn nhw o'u bwyta yn yr awyr agored.

Ar ôl cinio, trodd drwyn *Prince* tuag at y Gorllewin, a hwyliodd heibio i dancer olew enfawr oedd yn dadlwytho wrth angorfa Amlwch. Roedd mwy o waith trin yr hwyliau ar ôl pasio Ynysoedd y Moelrhoniaid oherwydd roedd o'n gorfod wynebu'r gwynt, ond doedd *Prince* ddim yn fwy anodd i'w drin na'i hen gwch, ac erbyn yr hwyr, roedd o'n hwylio'n ôl i fyny'r Fenai heibio i gastell Caernarfon ac i mewn i gei'r Felinheli.

Cysgodd yn hwyr fore trannoeth, ac ar ôl codi aeth ar fwrdd *Prince* i adleoli peth o'r offer ar ôl profiad ymarferol y diwrnod cynt. Penderfynodd beidio â chysylltu â Lerpwl. Os oedd problemau yno, doedd o ddim eisiau gwybod

diffodd, *to switch off*
trobyllau, *whirlpools*
o'i ôl, *behind him*
sgwarnog = ysgyfarnog

llyw, *helm*
gosod, *to set*
ynysoedd y Moelrhoniaid, *Skerries*
ymarferol, *practical*

43

amdanyn nhw. Gorffwysodd ar fwrdd *Prince* y diwrnod hwnnw.

Fore Sadwrn, hwyliodd *Prince* tuag at y De Orllewin. Treuliodd Charles bedwar diwrnod yn hwylio o gwmpas Iwerddon, a dychwelodd heibio i Ynys Manaw. Yn fwriadol, laniodd o ddim o gwbl. Treuliodd y dyddiau'n hwylio, yn bwyta, ac yn cysgu am gyfnodau byr, ar fwrdd y catamarán. Roedd *Prince* yn fwy na'i hen gwch ond yn debyg iawn i'w drin. Roedd trin rhai o'r hwyliau yn wahanol, ond roedd perfformiad y catamarán newydd, yn arbennig wrth hwylio'r 'spinnaker', yn fendigedig.

Roedd y perchennog newydd wrth ei fodd. Roedd *Prince* wedi ymddwyn yn fendigedig. Roedd y cwch yn llawer cynt na'r hen un, ac roedd o'n llawer mwy sefydlog yn y storm a gafodd o ar Fôr Iwerydd, i'r gorllewin o Killarney, nos Sul. Roedd hynny hefyd wedi bod yn broblem; gan fod y cwch yn hwylio mor gadarn drwy'r storm, doedd y llywiwr ddim yn gallu ymdeimlo â'r newid yn y gwynt, os nad oedd o i fyny ar fwrdd y cwch.

Roedd o'n anfodlon iawn i adael *Prince* fore Mercher, ond rhaid oedd cloi drysau'r catamarán a thanio peiriant y Mercedes unwaith eto. Roedd ganddo gyfarfod efo'i gysylltwyr am ddau o'r gloch y p'nawn hwnnw.

Gyrrodd yn gyflym ar hyd yr A55 ac roedd o'n ôl yn Lerpwl erbyn amser cinio. Doedd dim llawer wedi digwydd yn Lerpwl yn ystod ei absenoldeb ond roedd cerdyn post yn aros amdano oddi wrth Jim yn dweud bod Paris yn lle braf iawn yn y gwanwyn. Cafodd frechdan ham a choffi i'w ginio tra oedd Fred yn rhoi adroddiad iddo am y clwb.

Ar ôl cinio, darllenodd Charles erthygl yn y papur newydd am ymddangosiad cemegydd o Garno o flaen y Llys, am gynhyrchu LSD. Yn ffodus, doedd yr heddlu ddim wedi cysylltu'r labordy yng Ngharno â gwerthwyr y cyffuriau, oherwydd roedd y cemegydd yn gwrthod siarad, ond roedd yr heddlu yn parhau i wneud ymholiadau. Cafodd Charles

yn fwriadol, *intentionally*

tir, *land*

sefydlog, *stable*

llywiwr, *helmsman*

44

fraw pan welodd o fod y cemegydd wedi cael ei ddedfrydu i ddeng mlynedd o garchar, ac addawodd iddo'i hun roi siec sylweddol i'r cyflenwr mud.

Am ddau o'r gloch, cyrhaeddodd y cysylltwyr. Gan fod Jim yn Ffrainc, a bod Smythe wedi penderfynu aros yn Llundain efo ffrind agos iddo o ddyddiau bachgendod yn Ysgol Westminster, dim ond Dave a Paddy oedd yn eistedd o'i flaen.

Roedd y busnes cyffuriau ar i fyny unwaith eto, ar ôl i weithgareddau'r heddlu yn ystod mis Mawrth roi taw ar bethau am gyfnod. Roedd Dave wedi perswadio ei ladron i ddechrau ymweld â'r stordai, yr ysbytai a siopau'r fferyllwyr unwaith eto, ac roedd cyflenwad rheolaidd o gyffuriau amffetamin yn ei gyrraedd o. Roedd Dave a'i gyfeillion duon wedi trefnu ehangu'r farchnad heroin hefyd, oherwydd, fel y dywedodd y cyn-baffiwr,

'Roedd pawb wedi cael braw ar ôl i'r 'Glas' fod yn busnesu. Ond dydyn nhw ddim mor awyddus i ddod i'n rhan ni o'r ddinas. Os nad oes 'na reiat, maen nhw'n yn gadael ni'n llonydd. Doedd 'na neb eisiau gwthio'r 'H', ac roedd cymaint o 'mrodyr a chwiorydd yn dibynnu arno fo . . . Pan glywes i nad oedd Smythe yn dod yn ôl, dechreues i drefnu 'nghyflenwad fy hun.'

'Da iawn,' meddai Charles. 'Dw i'n hoffi dyn efo dipyn o ddychymyg.'

'Diolch, Boss,' meddai Dave. Roedd o wedi bod yn poeni beth fyddai ymateb Charles.

Roedd Dave yn meddwl y byd o Charles, yn bennaf achos ei fod o'n meddwl y byd o'r S.A.S. Roedd cyn-aelod o'r S.A.S yn arwr ganddo. Petai Dave wedi cael ei eni efo mwy o ymennydd yn lle rhai o'i gyhyrau cryf, byddai wedi sylweddoli nad oedd angen Charles arno fo. Ond dyn braidd yn syml oedd Dave, wedi cael gormod o ddolur yn y cylch paffio efallai, ac roedd ganddo ffyddlondeb tuag at 'y Boss'. Roedd

dedfrydu, *to sentence*
mud, *silent*
rheolaidd, *regular*
ehangu, *to expand*

reiat, *riot*
ymennydd, *brain*
cyhyrau, *muscles*
dolur, *hurt*

o wrth ei fodd pan ddywedodd Charles wrtho ei fod wedi gwneud y peth iawn.

Roedd busnes Paddy mor llewyrchus ag erioed, ac roedd o hefyd wedi ehangu'r farchnad. Roedd o wedi trefnu i brynu cyflenwadau o *grac* o Iwerddon yn lle LSD o Garno, a byddai'r ffynhonnell yn ddibynadwy ac yn gynhyrchiol. Roedd y Boss wedi ei blesio'n fawr, ac roedd gallu Paddy i ehangu'r farchnad oedd gan Jim Arnold, a hynny i gyd o fewn wythnos, yn cadarnhau mai syniad da oedd gwneud y Gwyddel yn bartner iddo. Doedd Charles ddim yn sylweddoli nad oedd Paddy wedi bwriadu dweud wrtho am y farchnad *grac* newydd. Roedd o wedi bwriadu cadw'r datblygiad hwnnw'n gyfrinach, ond roedd gweithgarwch Dave Wilson wedi gorfodi'r Gwyddel i ddatgelu ei gyfrinach o hefyd.

Roedd Charles wedi ei blesio'n fawr. Roedd y farchnad gyffuriau yn Lerpwl unwaith eto dan ei ofal, ond fod ganddo ddau gysylltwr yn lle pedwar. Roedd Dave Wilson yn hapus hefyd, gan fod ei gyflog wedi dyblu a'i rym yn ei gymdeithas wedi cynyddu. Yn allanol, roedd Paddy'n hapus â'r sefyllfa hefyd, ond mewn gwirionedd roedd o'n diawlio Dave Wilson am ei orfodi'n anuniongyrchol i ddatgelu'r farchnad newydd i Charles. Wrth gwrs, doedd o ddim yn sylweddoli fod y weithred yn bluen arall yn ei gap a'i fod ar y ffordd i fod yn bartner yn y clwb.

Yn ystod mis Mai a mis Mehefin, trosglwyddodd Charles fwy o gyfrifoldeb ar ysgwyddau Dave a Paddy, tra oedd o'n ymgyfarwyddo â'i gwch newydd, ac erbyn wythnos y ras roedd o'n dawel ei feddwl wrth yrru'r Mercedes tuag at ei antur newydd ar fwrdd *Prince*. Ddydd Mercher, hwyliodd y catamarán o'r Felinheli, ac angorodd Charles ei gwch wrth fwi yn nhraeth Newry, Caergybi. Treuliodd y ddeuddydd nesaf yn paratoi'r cwch, yn cymdeithasu yn y clwb hwylio, yn rhoi cyfweliad i rai o ohebwyr y cylchgronau hwylio, ac yn

dibynadwy, *dependable*
cynhyrchiol, *productive*
bwriadu, *to intend*
datblygiad, *development*
gweithgarwch, *activity*
datgelu, *to reveal*

cynyddu, *to increase*
anuniongyrchol, *indirectly*
trosglwyddo, *to transfer*
ymgyfarwyddo â, *to get used to*
cyfweliad, *interview*

ymlacio drwy loncian ar hyd morglawdd troellog Caergybi.
O'r diwedd, gwawriodd y bore Sadwrn cyntaf o Orffennaf,
yn braf. Roedd y môr yn dawel, er bod awel dyner o'r De
Ddwyrain yn cosi'r hwyliau. Llywiodd Charles ei gatamarán
i'r rhes o gychod oedd rhwng trwyn y morglawdd a Phorth
Swtan. Roedd simdde uchel ffatri Alwminiwm Môn yn
union i'r De iddo, a thŵr goleudy Ynysoedd y Moelrhoniaid
yn union i'r Gogledd. Roedd y cychod i gyd yn eu lle, mewn
rhes oedd ar 90 gradd i'r gwynt.

Am un ar ddeg o'r gloch, taniwyd y roced, a llamodd y
cychod dros y llinell gychwyn. Yn naturiol, rhai o'r cychod
lleiaf aeth ar y blaen, oherwydd roedden nhw'n ymateb yn
gynt i'r gwynt, ond, o fewn munudau, roedd criwiau'r
cychod mawr wedi codi llathenni o hwyliau i ddenu'r gwynt.
Cododd Charles ei brif hwyliau a'r triongl sidan lliwgar ar
flaen y cwch, ac ymunodd *Prince* yn y ras. Llwyddodd i osgoi
tri neu bedwar o gychod oedd wedi cael damwain ar gychwyn
y ras, tynnodd ychydig ar y rhaff i dynhau'r hwyliau, llaciodd
raff arall, gosododd ei gwmpawd ar y cwrs iawn a gafaelodd
yn y llyw.

Roedd o wrth ei fodd. Roedd o wedi cychwyn ar drip
pwysica'r flwyddyn yn ddiogel.

---

morglawdd, *breakwater*   llamu, *to leap*
osgoi, *to avoid*   llathenni, *yards*

Rhan 2

Pennod 9

Roedd y dydd Sadwrn cyntaf ym mis Gorffennaf yn ddyddiad pwysig i'r heddlu hefyd. Ar doriad gwawr y diwrnod hwnnw, roedd dros bum mil ohonyn nhw wedi cymryd rhan mewn ymgyrch fawr drwy wledydd Prydain. Roedd tua dwy fil ohonyn nhw, mewn grwpiau bychain, wedi gwthio'u ffordd i dai a fflatiau ar hyd ac ar led Cymru, Lloegr a'r Alban, ac wedi cymryd miloedd i'r ddalfa. Roedden nhw hefyd wedi darganfod llawer o gyffuriau.

Prif bwrpas yr ymgyrch oedd dal gwerthwyr y cyffuriau, gan weithredu ar y rhestr o enwau a gasglwyd gan y defnyddwyr a'r cyflenwyr cyffuriau, dri mis ynghynt. Cafodd Dave ei gymryd o'i wely i'r carchar y bore hwnnw, ond roedd angen pedwar o'r heddlu i'w gario o'r tŷ. Roedd undod y Gwyddelod yn erbyn heddlu Lerpwl yn fwy effeithiol; doedd enw Paddy ddim hyd yn oed ar y rhestr. Fel roedd hi'n digwydd, roedd Paddy allan ar y môr y bore hwnnw, yng nghwch ei ewythr. Roedd o'n synnu nad oedd 'pysgod du' yn aros amdano wrth y bwi arferol ond, ar ôl cyrraedd gartref, sylweddolodd fod rhywbeth mawr o'i le.

Erbyn diwedd y p'nawn Sadwrn hwnnw, roedd yr adroddiadau wedi dechrau cyrraedd desg y Comander Emlyn Hughes. Ers dwy flynedd, bellach, roedd tîm arbennig, dan arweiniad Emlyn Hughes, wedi bod yn bwydo llond stafell o gyfrifiaduron efo pob mymryn o wybodaeth am y farchnad gyffuriau drwy'r wlad.

Ers dwy flynedd, roedd copi o bob adroddiad oedd yn sôn am gyffuriau, mewn unrhyw swyddfa heddlu drwy Brydain,

---

ymgyrch, *campaign*
cymryd i'r ddalfa, *to take into custody*
undod, *unity*

sylweddoli, *to realize*
cyfrifiaduron, *computers*

48

yn cael ei anfon i Scotland Yard ac yn gorffen ar ddesg Emlyn Hughes. Oddi yno, roedd tîm arbennig o ddeg ar hugain o arbenigwyr yn y maes cyffuriau yn dadansoddi pob adroddiad cyn ei drosglwyddo'n ofalus ar raglen cyfrifiadur i'w gadw'n ofalus yng nghof y peiriant. Drwy drawsgymharu ffeithiau o bob rhan o'r wlad, gallai'r cyfrifiadur ddangos patrwm symudiad y cyffuriau drwy'r dinasoedd a'r trefi.

Roedden nhw wedi cael llawer o wybodaeth ar ôl cymryd cannoedd i'r ddalfa yn yr ymgyrch gyntaf, ar y cyntaf o Fawrth. Yn yr ymgyrch honno, roedden nhw wedi canolbwyntio ar ddefnyddwyr y cyffuriau. Roedd y rheiny wedi bod yn barod iawn i siarad, ar ôl ychydig ddyddiau mewn cell, heb gysur eu cyffuriau. Y bobl dan ddylanwad cyffur fel heroin oedd wedi dioddef waethaf. Roedd golwg druenus arnyn nhw yn y celloedd, lle roedden nhw'n chwysu ac yn teimlo'n oer ar yr un pryd, yn dioddef cramp ac yn cyfogi. Roedd llawer ohonyn nhw'n newynu, nid yn unig am fod prynu heroin yn defnyddio'u harian i gyd, ond hefyd am fod y cyffur yn lladd yr awydd am fwyd. Symudwyd llawer ohonyn nhw i unedau arbennig mewn ysbytai oedd yn arbenigo mewn ymdrin â chyffuriau, ond roedd cannoedd o enwau gwerthwyr y cyffuriau ar gof y cyfrifiadur erbyn diwedd yr wythnos.

Doedden nhw ddim wedi arestio'r gwerthwyr ar unwaith. Yn hytrach, roedd yr heddlu'n gobeithio cadw llygad barcud ar y gwerthwyr er mwyn darganfod pwy oedd y cyflenwyr. Roedd tîm Emlyn Hughes wedi anfon rhestr o enwau i swyddfeydd yr heddlu drwy Brydain, a gofyn i'r sgwad gyffuriau leol gadw llygad ar y bobl dan sylw.

Roedd enw Robert William Smythe ar y rhestr a anfonwyd i bencadlys yr heddlu yn Lerpwl, ac roedd enw Jim ar ben y rhestr, nid am ei fod yn bwysig ond achos mai Arnold oedd ei gyfenw. Roedd enw Smythe o ddiddordeb i'r heddlu oherwydd roedden nhw'n amau bod Smythe wedi bod yn gysylltiedig â marwolaethau pedwar o bobl ifanc yn y ddinas, ddiwedd

dadansoddi, *to analyse*
cof, *memory*
trawsgymharu, *to correlate*

dioddef, *to suffer*
truenus, *wretched*
pencadlys, *headquarters*

49

mis Chwefror, ond doedd ganddyn nhw ddim tystiolaeth yn ei erbyn. Erbyn i'r heddlu ddechrau edrych amdano, ar y pumed o Fawrth, doedd dim sôn amdano yn Lerpwl.

Ond roedden nhw wedi dod o hyd i Jim Arnold, ac wedi ei ddilyn o am dros wythnos cyn iddo fo ddiflannu hefyd. Roedden nhw wedi rhoi recordydd tâp i wrando ar ei ffôn, ond roedd hwnnw'n dawel. Yn wir, roedd heddlu Lerpwl yn tybio bod Jim wedi gweld ei erlidwyr, ac wedi mynd i guddio yng Ngogledd Cymru neu yn Iwerddon, oherwydd roedd dau ddyn wedi ei ddilyn mewn car cyn belled â Chaer ond roedden nhw wedi ei golli yng nghanol y ddinas. Dangosodd y cyfrifiadur yn Llundain fod Jim wedi ymddangos yng Ngharno ar yr un diwrnod, ac roedd ganddyn nhw lun ohono'n ymweld â hipi mewn hen ffermdy.

Roedd aelodau'r heddlu drwy'r wlad wedi dilyn yr un patrwm, sef dilyn y gwerthwyr at y cyflenwyr. Drwy wasgu ar y defnyddwyr a thrwy gau ffynonellau'r cyffuriau, roedd yr heddlu'n gobeithio y byddai'r gwerthwyr yn troi'n ddiofal wrth edrych am gyflenwadau newydd. Byddai'n haws, wedyn, cael tystiolaeth yn eu herbyn ar dâp neu mewn llun, yn prynu neu'n gwerthu'r cyffuriau.

Ond yn ôl heddlu Lerpwl, roedd Arnold a Smythe wedi diflannu. Doedd ganddyn nhw ddim amser i ddarganfod ble roedden nhw wedi mynd, oherwydd roedd nifer o enwau eraill ar y rhestr, a llawer o achosion eraill i'w datrys. Anfonwyd adroddiad at Emlyn Hughes yn nodi'r ffaith fod y ddau wedi gadael Lerpwl. Blerwch ar ran cwnstabl ifanc, ar ddiwedd noson hir, oedd methu cysylltu enw Smythe o Lerpwl efo'r Smythe a arestiwyd mewn parti yn Llundain.

Ond roedd y cyfrifiadur yn dangos bod Arnold a Smythe wedi ymweld â chlwb hapchwarae yn Lerpwl yn rheolaidd. Rhoddwyd dyn a dynes o'r adran dditectifs i wylio'r clwb am bedair noson ond doedd dim arwydd o gyffuriau yn agos i'r lle. Gan mai cyn-aelod o'r S.A.S. oedd perchennog y clwb,

tystiolaeth, *evidence, proof*
dilyn, *to follow*
erlidwyr, *pursuers*
gwasgu, *to squeeze*

ffynonellau, *sources*
diofal, *careless*
achosion, *cases*
blerwch, *negligence*

penderfynwyd mai cyd-ddigwyddiad oedd ymweliad y ddau â'r lle.

O fewn deg diwrnod i'r ymgyrch gyntaf, roedd yr heddlu wedi trefnu ymosod ar gyflenwyr y cyffuriau. Roedd tîm Scotland Yard wedi arwain plismyn lleol i ymweld â fflatiau mewn dinasoedd, tai cyffredin dosbarth canol, lle roedd y cymdogion yn edrych yn hurt ar y cyffuriau yn cael eu cario i geir yr heddlu o dŷ eu cymdogion 'parchus'. Mewn ardaloedd gwledig, roedd ymgyrch y degfed o Fawrth, yn erbyn gwneuthurwyr y cyffuriau, yn benllanw wythnosau o wylio amyneddgar a holi gofalus. Roedd hi'n llawer mwy anodd i'r heddlu drefnu ymgyrch yn dawel mewn ardal wledig, oherwydd roedd y brodorion yn fwy ymwybodol o bobl ddieithr na thrigolion y trefi.

Ond ymgyrch yn erbyn y farchnad *crac* ac LSD a'r lladrata o siopau'r fferyllwyr a'r ysbytai oedd yr ail ymgyrch, yn bennaf. Cymerwyd llawer o'r cyflenwyr i'r ddalfa, a dedfrydodd y llysoedd nhw i'r carchar. Daliwyd llawer o'r lladron oedd yn dwyn cyffuriau hefyd, ac anfonwyd nhw i'r carchar, rhai ohonyn nhw am yr ail a'r trydydd tro. Yn sydyn, aeth y cyflenwad o'r cyffuriau yma yn brin ar y strydoedd, ac roedd llawer o'r gwerthwyr, oedd wedi dianc rhag y carchar, yn ei chael hi'n anodd i gael cyffuriau i'w gwerthu. Roedd yr ymgyrchoedd wedi llwyddo, i raddau helaeth, i arafu'r llif o gyffuriau oedd yn cael eu cynhyrchu ym Mhrydain. Ond, doedd yr heddlu ddim wedi llwyddo i gau pob ffynhonnell.

Erbyn dechrau mis Gorffennaf, ar ôl tri mis o baratoi dyfal, roedd yr heddlu'n barod i roi'r ergyd olaf i'r farchnad gyffuriau ym Mhrydain. Eu nod, ar gyfer y drydedd ymgyrch, oedd gwerthwyr y cyffuriau. Er bod yr ymgyrchoedd ym mis Mawrth wedi arafu'r cyflenwad o gyffuriau oedd yn cael eu cynhyrchu ym Mhrydain, roedd y gwerthwyr yn dal yn

cyd-ddigwyddiad, *coincidence*		ffynhonnell, *source*	
gwledig, *rural*		dyfal, *thorough*	
penllanw, *climax/high tide*		ergyd, *blow*	
ymgyrch, *campaign*		nod, *objective*	
dedfrydu, *to sentence*		cyflenwad, *supply*	
prin, *scarce*		cynhyrchu, *to produce*	
cynhyrchu, *to produce*			

brysur yn gwthio cyffuriau wedi eu smyglo o wledydd tramor. Gwaith anoddach oedd atal smyglo'r cyffuriau o'r Cyfandir, a thrwy gydol mis Ebrill a Mai, roedd swyddogion y tollau a heddlu'r porthladdoedd wedi cydweithio, drwy archwilio'n fanwl bob llong oedd yn glanio ym mhorthladd-oedd Prydain. Ond roedd llawer o'r smyglwyr yn defnyddio awyrennau bach a chychod modur, ac roedd hi'n amhosibl cadw llygad ar bob darn o dir gwastad, ac ar bob traeth a chilfach o gwmpas yr arfordir.

Yn ystod mis Mehefin roedd Interpol wedi cydweithredu, ac roedd heddluoedd nifer o wledydd y Cyfandir wedi trefnu ymgyrchoedd arbennig yn erbyn y cyflenwyr cyffuriau. Yn wir, roedd ugeiniau o forwyr yn y carchar, o borthladdoedd Marseille, Rotterdam ac Amsterdam gan gynnwys cyflenwyr Paddy a oedd yn taflu'r 'pysgod du' i'r môr wrth aber Afon Merswy.

Er yr holl weithgarwch, roedd cyflenwad o gyffuriau yn dal i gyrraedd y strydoedd. Penderfynodd Emlyn Hughes ymosod ar y broblem mewn dwy ffordd. Yn gyntaf, trefnwyd y drydedd ymgyrch — yn erbyn gwerthwyr y cyffuriau, ac yn ail, penderfynwyd dilyn hynt y cyffuriau yn ôl i'r gwledydd lle roedden nhw'n cael eu tyfu.

Ar ôl deufis o drafod a sicrhau cydweithrediad yr heddlu neu'r fyddin yn y gwledydd tramor, dewiswyd dwsin o'r arbenigwyr gorau i ddilyn y trywydd. Anfonwyd pedwar i'r Dwyrain Pell i ddilyn trywydd y smyglwyr opiwm a heroin, aeth dau i Bakistan a dau arall i wlad Twrci. Teithiodd un i Foroco, un i Libanus, un i Syria a'r olaf i Nigeria.

Gareth Pritchard oedd enw'r ditectif a aeth i Nigeria, ar drywydd ffynhonnell marijuana. Cymro, tri deg saith oed, oedd o. Ar ôl gadael Ysgol Brynhyfryd, Rhuthun, roedd o wedi ymuno â'r heddlu yn Hong Kong. Yno roedd o wedi gorfod arbenigo ym myd drewllyd a thywyll y smyglwyr

tramor, *foreign*	carchar, *prison*
atal, *to prevent*	heddluoedd, *police forces*
trwy gydol, *throughout*	ymosod ar, *to attack*
gwastad, *flat*	trywydd, *trail*
cilfach, *cove*	Dwyrain Pell, *Far East*
cydweithredu, *to co-operate*	drewllyd, *stinking*

opiwm, ac wedi gorfod arwain grwpiau o'r heddlu brodorol, liw nos, i ddal y bobl druenus oedd yn ffoi dros y ffin o China. Roedd Gareth wedi gorfod ffoi rhag llid y smyglwyr opiwm. Symudwyd o i Ogledd Iwerddon ac yna i'r tîm arbennig yn Scotland Yard.

Roedd yr awyren DC10 yn llawn ar gyfer y siwrnai chwe awr o Gatwick i Lagos. Ar ôl awr a hanner, cafodd Gareth ginio derbyniol, wrth hedfan ar uchder o 32,000 o droedfeddi uwchben Majorca. Ar ôl croesi anialwch y Sahara mewn ychydig dros ddwy awr a hanner, glaniodd yr awyren yn ddiogel ym maes awyr Lagos. Yno, roedd bywyd hamddenol y Nigeriaid yn amlwg. Cymerodd awr a hanner i ddod drwy adeiladau'r maes awyr, ar ôl aros mewn rhesi o bobl.

Y tu allan, roedd Range Rover yn aros amdano i'w yrru'n syth i lysgenhadaeth Prydain ar Ynys Fictoria, ar ochr dde-heuol y ddinas. Roedd hi'n dywyll erbyn hyn, a gwelai oleuadau prifddinas Nigeria yn disgleirio ar y chwith iddo, wrth i'r Range Rover ddilyn y ffordd osgoi. Doedd o ddim wedi bod yn Nigeria o'r blaen, ond clywai sŵn ac arogl Lagos drwy ffenestr y car. Caeodd y ffenestr.

Cyrhaeddodd adeilad modern y llysgenhadaeth toc wedi deg o'r gloch, ac ar ôl cyfarch y swyddog ar ddyletswydd, aeth i'w stafell wely.

Roedd y dydd Sadwrn cyntaf ym mis Gorffennaf wedi bod yn ddiwrnod hir iddo fo. Roedd o wedi arwain grŵp o heddlu'r 'Met' mewn ymgyrch lwyddiannus, y bore hwnnw yn Llundain. Roedden nhw wedi cymryd chwech i'r ddalfa, yn ogystal â phwys o heroin, ond o leiaf roedd y trip i Nigeria wedi ei arbed rhag gwneud y gwaith papur. Tynnodd ei ddillad, cafodd gawod oer, llusgodd ei gorff blinedig i'r gwely, a chysgodd yn drwm.

---

ffoi, *to escape*
llid, *anger*
siwrnai, *journey*
llysgenhadaeth, *embassy*

ar ddyletswydd, *on duty*
pwys, *pound (weight)*
arbed, *to save*

Pennod 10

Daeth y pastwn i lawr unwaith eto ar draws bysedd y dyn du nerfus. Daeth sgrech ofnadwy o'i geg. Doedd sgrech ofn ddim yr un fath â sgrech poen. Doedd dim angen defnyddio Pentathol i gael y gwir, na defnyddio seicoleg i berswadio'r carcharor i siarad. Roedd y pastwn yn gwneud ei waith yn effeithiol ac yn gyflym. Disgynnodd y pastwn unwaith eto ar draws ysgwydd y carcharor, a gwingodd. Roedd y dyn du yn cofleidio boncyff coeden balmwydd dal, oherwydd roedd y milwyr wedi clymu ei ddau fawd at ei gilydd yr ochr draw i'r boncyff.

Y tu ôl iddo, roedd dau filwr croenddu yn dal gynnau Schmeisser MP40 awtomatig 9mm. Dyn tew, llond ei groen, oedd yr holwr, ac roedd ei groen du'n sgleinio yng ngwres y goedwig. Daeth pastwn yr holwr i lawr eto. Sgrech arall, a llais y carcharor yn ymbil ar yr holwr i beidio. Cwestiwn arall. Dim ateb. Bygythiad arall. Dim ateb.

Cododd yr holwr y pastwn eto, ond cyn iddo ddisgyn roedd llif o eiriau yn dod o geg y carcharor. Doedd y dyn gwyn, oedd yn edrych ar yr holi o hirbell, ddim yn deall Ibo, ond roedd iaith y carcharor yn mynd yn fwy rhugl bob munud. Eisteddai'r dyn gwyn, gan smygu sigarét yn ddiamynedd. Roedd yr awyr yn drwm ac yn llaith, roedd y tymheredd yn boeth ac roedd y pryfed yn ei frathu.

O'r diwedd trodd yr holwr oddi wrth y carcharor, a cherddodd yn falch tuag at y dyn gwyn. Cododd Gareth ar ei draed.

'Fo'n gw'bod. Fi'n d'eud fod o'n gw'bod,' meddai'r holwr, yn ymffrostgar.

pastwn, *club*
sgrech, *scream*
gwingo, *to writhe*
boncyff, *tree trunk*
holwr, *questioner*
ymbil, *to plead*

bygythiad, *threat*
hirbell, *afar*
rhugl, *fluent*
llaith, *humid*
yn ymffrostgar, *boastfully*

'O da iawn,' atebodd Gareth. 'Gobeithio y bydd o'n ddigon iach i ddangos y ffordd inni.'

'Dim poeni. Milwyr fi yn cario fo,' meddai'r holwr, mewn Saesneg bratiog. Gafaelodd y ddau filwr ym mreichiau'r carcharor, a cherddodd y tri ar hyd llwybrau cudd rhwng tyfiant gwyrdd y goedwig. Aeth Gareth a'r holwr ar eu holau.

Roedd Gareth wedi bod yn Nigeria am bythefnos, a'r bore hwnnw oedd yr agosaf iddo ddod at ddarganfod lle roedden nhw'n tyfu marijuana. Yn ystod yr wythnos gyntaf, roedd o wedi bod efo heddlu milwrol dinas Lagos yn arestio grwpiau o ddynion oedd yn gwerthu marijuana ar strydoedd Lagos. Roedden nhw'n gwerthu'r marijuana wedi'i rolio fel sigarêt, ac roedd y 'grass' yn boblogaidd efo'r brodorion. Roedd o wedi ymweld â harbwr Lagos hefyd, ac wedi gweld sut roedd y smyglwyr yn cuddio'r cyffuriau er mwyn eu hallforio i Ewrop.

Ddiwedd yr wythnos gyntaf, roedd o wedi gyrru'r cant ac ugain cilometr i ddinas Ibadan. Yno, yn hen ganolfan weinyddol y Prydeinwyr pan oedden nhw yn Nigeria, roedd o wedi ymweld â thai tun rhydlyd, tlawd rhai o'r ddwy filiwn o bobl sy'n byw yn y ddinas. Roedd o wedi defnyddio ffônradio gwesty'r Premiere i anfon adroddiad yn ôl i Lundain. Oedd, roedd o wedi gweld digon o ddefnyddwyr a gwerthwyr cyffuriau yn y dinasoedd, ond roedd o wedi gorfod gyrru ymhellach i ganolbarth Nigeria i ddarganfod lle roedden nhw'n tyfu'r cyffur.

Dilynodd Gareth y prosesiwn araf drwy goedwig ardal Kwale, yn nhalaith Bendel. Roedd y milwyr lleol wedi dweud wrtho fod rhai o'r brodorion yn tyfu cannabis mewn mannau anghysbell wrth ymyl yr afon. Roedd y milwyr wedi ei yrru mewn Land Rover at y pentref agosaf, ac oddi yno roedden nhw wedi cerdded trwy'r bore, cyn dal y carcharor.

bratiog, *broken*
milwrol, *military*
allforio, *to export*
gweinyddol, *administrative*

tun rhydlyd, *rusty tin*
talaith, *state*
brodorion, *natives*
anghysbell, *remote*

Roedd haul canol dydd yn boeth ac yn uchel erbyn hyn, ac roedd y lleithder yn ofnadwy.

Yn sydyn, daethon nhw at lannerch yn y goedwig, darn o dir oedd wedi'i glirio o goed, ac yno, o'i flaen, gwelai Gareth y marijuana'n tyfu. Edrychodd Gareth ar ddail llydan, gwyrdd y planhigyn.

'Nhw tyfu cannabis sativa fel 'ma,' meddai'r holwr, gan ddal deilen y marijuana. 'Wedyn, nhw sychu'r dail am amser hir.'

'Dw i'n gweld,' meddai Gareth. 'Ar ôl casglu'r dail, maen nhw'n troi'n frown, wrth sychu.'

'Chi'n iawn.'

'I ble mae'r marijuana'n mynd wedyn?'

'Fo gwerthu lot i bobol yn y pentre. Gwerthu lot arall i bobol yn Benin. Nhw gwerthu cannabis i bobol yn Ibadan a Lagos.'

'Mm . . . dw i'n gweld.'

'Pobol o'r Gogledd, o Kano, yn anfon cannabis ar draws y Sahara.'

'Allwch chi ddim eu stopio nhw rhag tyfu'r cannabis?' gofynnodd Gareth.

'Na. Ni'n mynd mewn hofrennydd dros y jyngl ond anodd gweld y cannabis.'

Dechreuodd y milwyr losgi'r marijuana, a'i ddinistrio.

'Llywodraeth ddim yn hoffi cyffuriau. Bydd 'Chief' yn falch ohonon ni.'

Cerddodd Gareth ar ochr y llannerch lle roedd dail sych yn crogi ar ffrâm bren. Doedd dim rhyfedd eu bod nhw'n galw'r cyffur yn 'grass' meddyliai; roedd o'n edrych yn union fel glaswellt wedi'i sychu.

'Felly, mae cannabis a marijuana'r un peth.'

'Ydyn. Nhw'n malu dail a hadau cannabis sativa i wneud 'sigaréts'.'

---

lleithder, *humidity*
dail, *leaves*
hofrennydd, *helicopter*
dinistrio, *to destroy*

llywodraeth, *government*
crogi, *to hang*
malu, *to crush*

' "Joints" ydy'r enw arnyn nhw ym Mhrydain,' meddai Gareth.

'Ni galw carchar yn "joint",' meddai'r dyn du, gan chwerthin. 'Ni mynd â'r boi bach yma i joint ni, am amser hir iawn.'

Dychwelodd y pump i'r Land Rover, a gyrru'n ôl i ddinas Benin. Yno, rhoddodd Gareth adroddiad manwl ar y telex i Scotland Yard. Diolchodd Gareth i'r awdurdodau am eu cydweithrediad a chafodd addewid y byddai'r fyddin yn trefnu ymgyrch arall ar ardal Kwale, er mwyn dinistrio'r marijuana yn llygad y ffynnon. Ar ôl trefnu anfon sampl o'r cannabis yn ôl i'r labordy yn Llundain, gadawodd Gareth y swyddfa a cherddodd allan i'r awyr iach.

Y tu allan roedd gyrrwr y Peugeot roedd o wedi'i fenthyca gan heddlu Lagos yn aros amdano. Taniodd hwnnw'r peiriant, a chychwynnodd y Peugeot ar hyd y draffordd oedd yn arwain i'r Gorllewin tuag at Ibadan. Roedd ôl llawer o ddamweiniau ar y ffordd, a'r ceir wedi eu gadael yn y fan a'r lle. Doedd neb eisiau trwsio hen geir yn Nigeria. Roedden nhw'n cael eu gadael ar y ffordd.

Trodd y gyrrwr i osgoi car oedd wedi'i adael yn ffrwd gyflym y draffordd, ac yn sydyn sgrechiodd olwynion y car, wrth i'r gyrrwr roi ei droed yn galed ar y brêc.

'Rhowch bopeth iddyn nhw,' sibrydodd y gyrrwr. 'Gwnewch yn union beth maen nhw'n 'i ddweud.'

Edrychodd Gareth mewn syndod ar ugain o fechgyn ifanc oedd yn amgylchynu'r car. Roedd gynnau gan ambell un. Agorwyd drws y car.

'Allan,' gorchmynnodd un o'r bechgyn.

Dringodd Gareth a'i yrrwr allan o'r car. Roedd gormod ohonyn nhw i Gareth ystyried anufuddhau.

'Waled.'

Estynnodd y ddau eu waledi i'r bachgen. Cymerodd hwnnw'r arian allan ohonyn nhw, a'u taflu i ffwrdd.

carchar, *prison*	ffrwd, *lane*
ôl, *remains*	sibrwd, *to whisper*
damweiniau, *accidents*	ystyried, *to consider*
trwsio, *to repair*	anufuddhau, *to disobey*

'Pasport.'

Aeth llaw Gareth i'w boced eto, a rhoi'r llyfryn glas i'r bachgen.

'Dillad,' meddai'r llais eto.

Edrychodd Gareth yn hurt ar y gyrrwr yn tynnu ei drowsus, ond gwnaeth o'r un fath.

Safai Gareth a'r gyrrwr yn eu dillad isa' yn gwylio'r Peugeot yn cael ei yrru i ffwrdd.

'Rydyn ni'n lwcus,' meddai'r gyrrwr. 'Maen nhw'n lladd pobl sy'n gwrthod cydweithredu.'

'Ond pwy oedden nhw?' gofynnodd Gareth.

'Rhai o'r rheina sy'n gwerthu cyffuriau ar strydoedd y dinasoedd a'r trefi,' meddai'r gyrrwr. 'Maen nhw'n crwydro'r wlad mewn gangiau o ugain neu weithiau fwy na hynny. Maen nhw wedi gadael eu pentrefi ers dyddiau'r cyfoeth olew, ond ar ôl symud i'r dinasoedd, maen nhw'n methu cael gwaith.'

'Dim ond ychydig sy'n tyfu'n gyfoethog ar yr olew, mae'n siŵr,' meddai Gareth.

'Dych chi'n iawn. Felly, mae'r bechgyn 'ma'n crwydro'r dinasoedd, ac yn ymosod ar bobl yn eu cartrefi. Os dych chi'n ffonio'r heddlu yn Lagos i ddweud fod rhywun yn y tŷ, maen nhw'n gofyn faint o bobl sy yno. Os atebwch chi fod 'na fwy na dau neu dri, chewch chi ddim help.'

'Bobol annwyl,' meddai Gareth.

'Mae'r bechgyn 'ma'n gwneud ffortiwn wrth stopio pobol ar y ffordd hefyd,' dywedodd y gyrrwr, 'ac fel rôn i'n deud rydyn ni wedi bod yn lwcus.'

Dechreuodd y ddau gerdded ar hyd ochr y draffordd. Doedd dim llawer o drafnidiaeth ar y ffordd, ond ar ôl hanner awr arhosodd lori i roi lifft iddyn nhw i ddinas Ibadan. Yno, cawson nhw fenthyg dillad a char gan heddlu'r ddinas i ddychwelyd i Lagos.

---

hurt, *stunned*
dillad isa', *underclothes*
gwrthod, *to refuse*
cydweithredu, *to co-operate*

rheina, *those*
cyfoeth olew, *oil boom*
crwydro, *to wander*

Pan gerddodd Gareth heibio i'r gwyliwr wrth ddrws y llysgenhadaeth yn Lagos, cododd hwnnw ei aeliau, o weld Gareth yng ngwisg heddlu Nigeria. Treuliodd Gareth ddydd Sul yn crwydro o gwmpas Ynys y Llysgenhadon, gan ryfeddu bod adeiladau llwm, brown llysgenhadaeth Rwsia y drws nesaf i adeilad gwydr a choncrit America. Fore Llun, aeth i siopa am ddillad yn archfarchnad y lluoedd arfog, cyn dychwelyd i lysgenhadaeth Prydain, lle roedd y staff wedi bod yn brysur yn trefnu papurau teithio newydd iddo fo.

Gadawodd y llysgenhadaeth yn gynnar fore Mawrth, ar ôl diolch am ei lety. Ar y ffordd i'r maes awyr, galwodd Gareth i weld swyddog y porthladd. Bythefnos yn ôl, roedd Gareth wedi bod yn trafod problem smyglo'r marijuana efo'r swyddog, ac roedd hwnnw wedi cytuno i wneud nodyn o unrhyw beth amheus, heb arestio'r smyglwyr, er mwyn i Gareth ddilyn eu trywydd i Ewrop.

'Roedd 'na gyflenwad o'r cannabis yn y stordai yr wythnos diwetha,' meddai'r swyddog. 'Rôn nhw wedi'i roi o ar waelod blychau bananas.'

'Dych chi'n meddwl fod y cwmni bananas yn euog o all-forio'r marijuana?' gofynnodd Gareth.

'Nag ydyn, dw i ddim yn meddwl,' atebodd y swyddog, 'ond wnaethon ni ddim stopio'r cyflenwad, na chymryd llawer o ddiddordeb yn y blychau.'

'Da iawn,' meddai Gareth, 'Diolch yn fawr iawn ichi am eich help.'

'Mae'r llong wedi hwylio ers nos Iau, ond fydd hi ddim yn aros yn unlle ar y fordaith. Bydd hi'n cyrraedd Rotterdam bore 'fory.'

'Iawn. Fydda i'n gallu trefnu parti croeso arbennig iddyn nhw efo heddlu'r Iseldiroedd.'

Ar ôl cael enw a manylion y llong, gyrrwyd Gareth i faes awyr Murtala Muhammed. Roedd y rhan fwyaf o'r siopau di-dreth ar gau, ond prynodd gerflun eboni a chymeriadau

gwyliwr, *guard*
aeliau, *eyebrows*
archfarchnad, *supermarket*
lluoedd arfog, *armed forces*

amheus, *suspicious*
trywydd, *trail*
blychau, *boxes*
cyflenwad, *supply*

59

bach diddorol wedi'u naddu o ddraenen Ibadan, a thalodd bunt am baned cryf o goffi. Am hanner awr wedi un ar ddeg, byrddiodd Gareth awyren Boeing 747 cwmni KLM ac ar ôl ugain munud, gadawodd olwynion y jet jymbo dir Nigeria am Schiphol, maes awyr Amsterdam. Er ei fod yn flinedig, roedd gormod i'w weld drwy ffenestri bychan yr awyren i adael iddo gysgu. Erbyn amser te, roedden nhw wedi croesi'r Môr Canoldir ac yn hedfan ar gyflymder o dros bum can milltir yr awr dros fynyddoedd y Pyreneau yn Sbaen. Tra'n disgyn dros ran ddeheuol Môr y Gogledd i lanio yn Amsterdam, gallai Gareth weld nifer o gychod lliwgar mawr yn hwylio heibio i geg afon Tafwys, yn edrych fel smotiau bach ar y môr glas islaw.

naddu, *to carve*
draenen, *thorn*

disgyn, *to descend*

Pennod 11

Roedd ditectif o heddlu Amsterdam yn aros amdano y tu allan i faes awyr Schiphol. Merch ddeniadol, saith ar hugain oed, oedd hi. Roedd ei gwallt golau, ei llygaid glas a lliw'r haul ar ei chroen yn ei gwneud hi'n fwy tebyg i fodel nag i aelod o sgwad gyffuriau prifddinas yr Iseldiroedd.

'Croeso i Amsterdam, Uwch-Arolygydd Pritchard,' meddai'r heddferch. 'Dana ydw i, Arolygydd Dana Coenraad, Heddlu Amsterdam.'

'Sut mae, Dana?' atebodd Gareth. 'Galwch fi'n Gareth, wnewch chi?'

'O'r gorau, Gareth. Wyt ti eisiau mynd i'r swyddfa neu i'r llety yn gynta?' meddai Dana, gan ddefnyddio cywair iaith mwy cyfeillgar.

'Mae'n well imi fynd i'r swyddfa'n gynta, dwi'n meddwl,' atebodd Gareth.

Rhoddodd Gareth ei gês yng nghist Opel bach oren. Taniodd Dana'r peiriant. Ar y ffordd i ganol y ddinas, dywedodd Gareth wrthi hi am yr ymgyrch gyffuriau ym Mhrydain. Roedd hi'n amlwg yn ferch ddeallus, a gofynnodd nifer o gwestiynau treiddgar am yr ymgyrchoedd ac am y cyffuriau. Clywodd Gareth am hanes ei brawd hyna' oedd wedi marw ar ôl cymryd gormod o heroin, tra oedd hi'n ferch ysgol. Roedd hynny wedi dylanwadu'n fawr arni, ac ar ôl gadael yr ysgol roedd Dana wedi ymuno â'r heddlu, ac wedi arbenigo yn y maes cyffuriau.

Ar ôl cyrraedd y ddinas, arafodd yr Opel, wrth i Dana yrru'n fedrus rhwng y cannoedd o feiciau a'r tramiau oedd yn gweu drwy'r strydoedd cobl. Trodd i'r chwith ar ôl cyrraedd Sgwâr Dam, a pharciodd yr Opel y tu allan i brif swyddfa heddlu'r ddinas. Dringodd y ddau y grisiau i ben ucha'r hen adeilad, ac yno cyflwynwyd Gareth i weddill y

---

deniadol, *attractive*
cywair iaith, *linguistic register*

cist, *boot*
treiddgar, *searching*

sgwad gyffuriau. Gwrandawodd y sgwad yn astud ar stori Gareth, ac ar ôl galwad ffôn i Rotterdam, trefnwyd parti croeso i'r llong o Nigeria ar gyfer y bore canlynol.

Ond y noson honno, cafodd Gareth weld sgwad Amsterdam wrth ei gwaith. Cafodd gawod a newidiodd ei ddillad yn y swyddfa. Pan ddaeth yn ôl i stafell y sgwad roedd Dana wedi diflannu. Roedd Iohann yn aros amdano. Roedd y ddau wedi eu gwisgo fel ymwelwyr, a rhoddodd Iohann gamera i Gareth grogi dros ei wddf i gwblhau'r act.

Ar ôl cael *uitsmijter*, brechdan hael o gig eidion wedi'i goroni â dau wy wedi ffrio, crempogau *poffertjes*, a litr o gwrw lleol, o dan ambarél o flaen caffi ardderchog drws nesaf i swyddfa'r heddlu, cerddodd Gareth a Iohann ar draws Sgwâr Dam. Aethon nhw heibio i'r bobl ifanc oedd yn smygu cannabis, yn ôl yr aroglau, wrth droed cofgolofn yr Ail Ryfel Byd ar ganol y sgwâr. Trodd Iohann i'r chwith wrth siop fawr, ddrud *de Bijenkorf*, ac aeth Gareth ar ei ôl i lawr stryd siopau Danrak tuag at orsaf y rheilffordd. Yn union o flaen yr orsaf, mae terfyn un o'r camlesi sy'n denu'r ymwelwyr yn Amsterdam. Roedd rhes hir o Americanwyr, Almaenwyr, Ffrancod, Prydeinwyr a Japaneaid yn aros eu tro i fynd ar fwrdd un o'r badau to gwydr, hir, oedd yn rhoi cinio hwyr a siampên i ymwelwyr wrth fynd â nhw am drip ar hyd camlesi'r ddinas.

Aeth Iohann heibio i'r ymwelwyr, a dringodd i mewn i gwch modur bach oedd yn arnofio ar y gamlas. Gofynnodd Iohann i Gareth ddatod y rhaff angori tra oedd o'n cychwyn yr injan. Deffrodd peiriant cryf Volvo V6 y cwch modur ar y cynnig cyntaf. Neidiodd Gareth i mewn i'r cwch, a gyrrodd Iohann yn hamddenol allan i ganol y gamlas, heibio i fad hir yr ymwelwyr swnllyd, ac i lawr camlas Singel, lle gwelai Gareth stondinau o flodau a siop *Laura Ashley* ar y lan, cyn ymuno â chamlas Herengracht, lle y dangosodd Iohann adeiladau'r ail ganrif ar bymtheg iddo fo.

terfyn, *terminus*	camlas, *canal*
camlesi, *canals*	datod, *to untie*
badau, *barges*	yn hamddenol, *leisurely*
arnofio, *to float*	cynnig, *attempt*

Dangosodd Iohann hen dai cul, uchel, cyn-farsiandïwyr Amsterdam, tai unigryw, addurnedig, oedd erbyn hyn yn gartrefi i werthwyr gemau'r ddinas. Aeth y cwch o dan y bont bren Magere Brug a'i goleuadau'n adlewyrchu ar wyneb y dŵr ac allan i harbwr Amsterdam, heibio i'r badau tlawd, budr, oedd yn gysgod i'r hipis. Mwynhaodd Gareth y trip yn fawr, a dywedodd hynny wrth Iohann.

'Croeso. Dw i'n falch dy fod ti wedi mwynhau'r trip, ond a dweud y gwir, y cwbl rôn i'n ei wneud oedd gwneud yn siŵr fod neb yn ein dilyn ni.'

Chwarddodd Gareth yn uchel.

'A finnau'n meddwl dy fod ti'n garedig yn dangos y ddinas imi!'

Chwarddodd Iohann hefyd.

Trodd y cwch modur i geg camlas arall. Doedd hon ddim ar hynt arferol ymwelwyr â'r ddinas. Llithrai'r dŵr yn dawel heibio i waliau'r hen stordai uchel. Rhyngddo a'r awyr, roedd Gareth yn gallu gweld yr hen gadwyni a'r drysau uchel lle roedden nhw'n llwytho'r badau o'r stordai. Roedd llawer o wahaniaeth rhwng camlesi poblogaidd yr ymwelwyr a'r camlesi tywyll cul yma oedd fel gwe pry copyn rhwng y camlesi llydan golau. Roedd Gareth yn falch fod ganddo gwmni wrth iddyn nhw lithro'n araf drwy'r tywyllwch.

Roedd nifer o'r camlesi'n dilyn ffordd gul, neu lwybr cerdded, ac o bryd i'w gilydd roedd pont gul yn croesi'r gamlas. Roedd pob pont wedi ei rhifo, ac roedd y brodorion yn gwybod yn union ble roedden nhw o ddarllen rhif y bont. Roedd peiriant cryf y cwch yn ffrwtian yn dawel wrth i Iohann ddangos un o ganolfannau prysuraf y ddinas.

'Drycha,' meddai Iohann, gan godi ei law, 'dyma'r lle mae dynion yn dod i siopa.'

Edrychodd Gareth i'r dde. Yno roedd nifer o ddynion yn edrych ar ffenestri'r siopau. Chwarddodd Iohann wrth i Gareth sylweddoli nad dymis oedd yn y ffenestri, ond merched

---

marsiandïwyr, *merchants*
unigryw, *unique*
addurnedig, *decorative*

gemau, *precious stones*
hynt arferol, *usual route*
gwe, *web*

go iawn. Roedden nhw ar stryd puteiniaid Amsterdam, ac roedd y merched yn eistedd yn ddeniadol yn ffenestri'r tai, yn gwahodd y dynion i wario'u gulden.

'Maen nhw'n edrych yn well o bell,' meddai Iohann. 'Mae powdr a phaent yn gallu g'neud rhyfeddodau.'

Arafodd y cwch wrth ben y stryd, a chlymodd Iohann y cwch dan gysgod pont.

'Dyma nhw'n dod,' meddai Iohann, yn dawel.

Edrychodd Gareth ar ddyn a dynes yn cerdded law yn llaw ar hyd llwybr y gamlas. Roedd hi'n amlwg mai putain oedd yr eneth. Roedd ganddi wallt coch, tanllyd, a llawer o finlliw. Stopiodd y ddau, a rhoddodd y butain gusan hir i'r dyn. Roedd hi'n butain ddeniadol iawn, meddyliai Gareth tra'n edrych ar ddwylo'r dyn yn dechrau crwydro. Yn sydyn, sylweddolodd Gareth mai Dana oedd y ferch. Edrychodd ar Iohann. Roedd o'n wên o glust i glust. Rhoddodd Iohann ei fys ar ei geg, fel arwydd iddo fod yn dawel.

'Maen nhw'n actio'n dda,' sibrydodd Iohann yng nghlust Gareth.

'Ydyn, wir,' meddai Gareth, braidd yn eiddigeddus.

'Mewn munud, fyddan nhw'n mynd i lawr llwybr y stordy acw am dipyn o . . .'

'Dw i'n gw'bod am dipyn o beth.'

'Dyna'r syniad. Rydyn ni'n gobeithio y bydd unrhyw un sy'n gwylio yn meddwl yr un peth â ti. Ond mewn gwirionedd, ditectif arall ydy'r dyn 'na,' meddai Iohann. 'Mae na ddrws ochr o'r llwybr i'r stordy. Pan fyddan nhw i mewn, bydd Dana yn agor drysau'r blaen i'r gweddill ohonon ni.'

'Dw i'n gweld,' meddai Gareth, 'ond be' ti eisiau i fi 'neud?'

'Aros di yma'n dawel,' sibrydodd Iohann, gan neidio'n ysgafn o'r cwch.

Diflannodd Iohann yn dawel i'r tywyllwch. Prin y gall Gareth weld Dana a'i chyfaill yn diflannu i lawr y llwybr. O

puteiniaid, *prostitutes*
gulden = arian yr Iseldiroedd
rhyfeddodau, *wonders*
llwybr, *path*

putain, *prostitute*
minlliw, *lipstick*
eiddigeddus, *jealous*

64

fewn tri munud, gwelodd gysgodion yn symud yn gyflym at ddrysau blaen y stordy. Gwelodd fod y drysau'n gilagored. Chlywodd o ddim sŵn o gwbl, dim ond sŵn arbennig yr organ sy'n nodweddiadol o Amsterdam, yn cael ei gario gan yr awel o gornel y stryd yn y pellter.

cysgodion, *shadows*   nodweddiadol, *characteristic*
cilagored, *ajar*

65

Pennod 12

Roedd y tawelwch yn llethol. Yn sydyn, clywodd Gareth sŵn ergydion gynnau'n dod o'r stordy. Yna sŵn gweiddi. Gwelodd gysgod yn rhedeg tuag ato. Trodd i wynebu'r cysgod, gan gymryd safiad amddiffynnol Kung Fu.

'Tania'r blydi injan 'na,' gwaeddodd Iohann, wrth neidio i mewn i'r cwch. Maen nhw wedi dianc.'

Cychwynnodd peiriant y cwch modur ar unwaith, a thynnodd Iohann ffon fach y sbardun. Llamodd y cwch modur ymlaen, gan adael tonnau uchel ar wyneb y gamlas o'i ôl. Gwthiodd y peiriant y cwch ar hyd wyneb y dŵr ar gyflymdra o 50 milltir yr awr. Gwelodd Gareth gwch modur arall yn torri rheolau cyflymder y camlesi o'u blaenau.

'Dyna nhw,' gwaeddodd.

Tynnodd Iohann sbardun y cwch eto ac aeth yn gynt. Roedd y bwlch rhwng y ddau gwch yn cau. Diflannodd y cwch cyntaf o'u golwg. Trodd Iohann i mewn i gamlas arall ar eu hôl. Roedd y pontydd yn gwibio drostyn nhw'n gyflym iawn erbyn hyn ond roedd Iohann yn hen law ar drin cwch modur. Gwibiai i'r chwith, yna i'r dde, o un gamlas i'r llall. Doedd pen blaen y cwch ddim yn cyffwrdd â'r dŵr o gwbl.

Roedd hi'n swnllyd iawn ar y camlesi'r noson honno, a pheiriannau'r ddau gwch yn atseinio rhwng waliau'r hen stordai. I lawr y camlesi tywyll, troi eto, ar draws camlas fawr 'Amstel ' a chael eu dallu am ennyd gan oleuadau'r ddinas. Gyrrai Iohann yn igam-ogam i lawr y gamlas, i geisio osgoi'r tonnau oedd yn codi yn ôl y cwch cyntaf.

Roedd Iohann yn dechrau ennill y ras. Trodd y cwch cyntaf yn ôl tuag at ganol y ddinas. Trodd Iohann i lawr yr un gamlas, dim ond hanner canllath oedd rhwng y ddau gwch. Gallai

ergydion, *shots*	gwibio, *to flit*
safiad amddiffynnol, *defensive stance*	atseinio, *to resound*
dianc, *to escape*	osgoi, *to avoid*
sbardun, *throttle*	yr un, *the same*
tonnau, *waves*	canllath, *100 yards*

Gareth weld dau ddyn yn y cwch cyntaf, wrth iddyn nhw yrru yn gyflym tuag at gamlas 'Amstel' unwaith eto.

Ar y brif gamlas, roedd yr ymwelwyr yn yfed eu coffi, ar ôl pryd bwyd bendigedig. Yn sydyn, gwaeddodd un o'r Americanwyr fod cwch yn mynd i'w taro. Roedd capten bad yr ymwelwyr wedi gweld y cwch yn dod o'r gamlas ar y dde iddo, ond yn naturiol, cychod ar y brif gamlas oedd â'r hawl. Edrychodd yn syfrdan wrth i'r cwch fynd yn gynt a chroesi ar draws y gamlas o'i flaen. Cafodd ragor o fraw pan welodd o gwch arall yn dod o'r un cyfeiriad, ar yr un cyflymdra.

Gwelodd Gareth y cwch cyntaf yn torri o flaen bad yr ymwelwyr, wrth i Iohann droi'n sydyn i'r chwith er mwyn osgoi diwedd diflas i bryd blasus yr ymwelwyr. Gyrrodd Iohann yn gyflym y tu ôl i'r cwch pleser ac aeth ar draws y gamlas i mewn i gamlas dywyll arall.

Ond roedd y dŵr yn dawel. Doedd dim golwg o'r cwch cyntaf, ac roedd hi'n dywyll fel y fagddu. Arafodd Iohann y cwch, a syllodd yn ofalus i'r chwith ac i'r dde. Archwiliodd â'i lygaid y cychod oedd wedi eu clymu wrth lan y gamlas. Syllodd i fyny, ar hyd y camlesi cul oedd yn arwain at stordai eraill. Doedd dim golwg ohonyn nhw.

Rhegodd Iohann yn uchel. Stopiodd y peiriant. Daeth tawelwch llwyr dros y gamlas, wrth i'r dŵr eu cario'n araf iawn o dan bont arall.

Yn sydyn, clywodd Gareth beiriant yn cychwyn.

'Dyna nhw,' meddai Iohann. 'Chân nhw ddim dianc y tro yma.'

Gwelodd Gareth y cwch modur yn troi i mewn i'r gamlas tua chanllath y tu ôl iddyn nhw, gan yrru'n ôl tuag at y brif gamlas.

Taniodd Gareth y peiriant a throdd Iohann y llyw. Prysurodd y cwch modur ar eu hôl unwaith eto. Y tro yma, cadwodd y cwch cyntaf at y brif gamlas. Rasiodd y ddau gwch dros wyneb y dŵr. Stopiodd pobl ar y strydoedd i edrych yn hurt ar y ras.

hawl, *right*	cyflymdra, *speed*
syfrdan, *stunned*	rhegi, *to swear*

67

Cyn bo hir, daeth dau gwch heddlu i ymuno â'r ras.

Gwelodd y ddau ddyn yn y cwch cyntaf gychod yr heddlu yn dod tuag atyn nhw, ond roedd y ffŵl 'na y tu ôl iddyn nhw o hyd. Trodd y gyrrwr y llyw i'r chwith.

'Mae hi ar ben arnyn nhw, rŵan,' meddai Iohann. 'Does 'na ddim ffordd allan o'r gamlas yma.'

Trodd y cwch i mewn i'r gamlas dywyll ar ôl y dihirod.

Yn sydyn, llanwyd y nos gan olau llachar. Parlyswyd gyrrwr y cwch cyntaf am eiliad, ond tynnodd yn galed ar y sbardun. Taniodd ei gyfaill ei wn, ac aeth y goleuadau allan.

Yr un mor sydyn, digwyddodd yr un peth eto. Clywodd Gareth sŵn ergydion a diffoddwyd y golau.

'Maen nhw'n trio eu drysu nhw,' meddai Iohann. 'Maen nhw'n parcio ceir yr heddlu wrth bob pont ar y gamlas, ac yn troi'r goleuadau i wynebu'r cwch.'

Roedd llywiwr y cwch cyntaf yn dechrau poeni.

'Paid ti â phoeni am y goleuadau. Llywia di'r cwch, ac mi wna i ofalu am y goleuadau,' meddai ei gyfaill, gan anelu ei wn. Disgleiriodd y goleuadau unwaith eto. Anelodd llywiwr y cwch yn syth odanyn nhw, ac anelodd ei gyfaill ei wn.

Thaniodd o mo'r ergyd olaf. Roedd y cwch wedi taro clawdd terfyn y gamlas ar gyflymdra o drigain milltir yr awr. Ffrwydrodd.

Teimlodd Gareth ergyd y ffrwydrad o fewn eiliadau i weld fflach o olau a chyrff y ddau ddyn yn hedfan drwy'r awyr. Stopiodd Iohann y cwch. Doedd dim byd ar ôl o gwch y dihirod.

Gadawodd Iohann y plismyn eraill yn paratoi nofwyr tanddwr i edrych am weddillion y cyrff. Trodd yn ôl, a gyrrodd y cwch modur yn fwy hamddenol yn ôl i'r stordy.

Yno, roedd y sgwad gyffuriau wedi eu plesio. Er bod dau ddyn wedi dianc, roedd tri arall yn garcharorion ac yn edrych yn drist, mewn cyffion, yn swyddfa'r stordy. Roedd

---

dihirod, *rascals*
llachar, *bright*
sbardun, *accelerator*
clawdd terfyn, *end wall*

ffrwydro, *to explode*
cyrff, *bodies*
gweddillion, *remains*
cyffion, *handcuffs*

Dana yn brysur yn holi'r drwgweithredwyr. Doedd Iohann a Gareth ddim eisiau torri ar draws yr holi, felly aethon nhw o amgylch y stordy.

Ar y llawr ucha', roedd sachau o ddail sych yn bentwr yn y gornel.

'Dyma dy gannabis di,' meddai Iohann. 'Maen nhw'n malu'r dail, yn ei bacio'n ofalus ac yn ei anfon i'r Unol Daleithiau i'w werthu, fesul owns, i'w smygu.'

'Dyma'r stwff weles i yn Nigeria,' meddai Gareth, 'fel glaswellt sych.'

'Ie, meddylia, gwario ffortiwn ar smygu glaswellt!' atebodd Iohann.

'Ond drycha,' meddai Gareth. 'Am hwn rôn i'n chwilio.'

Aeth at fwrdd llydan ym mhen draw'r stafell. Ar y bwrdd roedd sosbenni, tanau nwy potel a blociau o resin brown.

'Dyma'r 'hash' sy'n cael ei werthu ym Mhrydain,' meddai Gareth.

'Dyna ti, maen nhw'n cymysgu'r dail cannabis efo resin achos ei fod o'n haws i'w smyglo, mae'n debyg, a dyma fo'r hashish gorau.'

'Dych chi wedi cael noson dda heno, felly,' meddai Gareth.

'Do'n wir,' atebodd Iohann. 'Rydyn ni'n gwybod am y lle 'ma ers mis, ac wedi bod yn aros i gyflenwad newydd gyrraedd, i gael ei baratoi ar gyfer y farchnad. Ond dw i'n deall ein bod ni wedi colli dau arall o'r gang. Roedden nhw wedi gadael ryw hanner awr cyn inni gyrraedd.'

'Hen dro,' meddai Gareth, 'ond dych chi wedi rhoi terfyn ar waith pump allan o saith ohonyn nhw.'

'Paid â phoeni. Ddaliwn ni'r lleill rywbryd,' meddai Iohann yn hyderus.

Galwodd Dana arnyn nhw ac aeth y ddau i lawr y grisiau i'r swyddfa. Roedd hi'n hanner awr wedi un erbyn hyn, ac roedd Gareth yn teimlo'n flinedig.

'Llongyfarchiadau,' meddai Gareth wrth Dana.

drwgweithredwyr, *wrongdoers*   yn hyderus, *confidently*
rhoi terfyn, *to put an end to*

'Diolch,' meddai hi, gan dynnu ei gwallt gosod coch. 'Dw i'n clywed dy fod ti wedi cael trip o gwmpas y camlesi heno.'

'Do'n wir, ond wedyn, rhywbeth i wneud ichi ymlacio ydy trip ar gamlas,' meddai Gareth, gan chwerthin.

'Tyrd, awn ni'n nôl i'r swyddfa,' meddai Dana, a cherddodd hi a Gareth yn hamddenol yn ôl i swyddfa'r heddlu, gan adael tîm o arbenigwyr fforensig i glirio'r stordy.

Erbyn tri o'r gloch roedd Dana wedi gorffen ysgrifennu ei hadroddiad, tra oedd Gareth yn pendwmpian yn y gadair wrth ei desg.

'Rŵan 'te, adre â ni,' meddai Dana.

'Dw i'n aros efo ti?' gofynnodd Gareth, a syndod yn ei lais.

'Wrth gwrs. Wyt ti'n barod?'

'Dw i'n barod,' meddai Gareth, yn awyddus.

Cerddodd y ddau allan i'r Opel bach, a gyrrodd Dana yn gyflym ar hyd y strydoedd tawel, nes stopio'r car y tu allan i dŷ bychan cysurus ar gyrion y ddinas.

Cariodd Gareth ei gês o gist y car, ac aeth y ddau i mewn i'r tŷ cyfforddus.

'Diolch iti am dy help heno', meddai Dana, gan roi cusan iddo.

'Wnes i ddim byd,' meddai Gareth.

'Dw i'n meddwl ei bod hi'n amser gwely arnon ni'n dau,' meddai Dana.

Cytunodd Gareth, a dilynodd o hi i fyny'r grisiau. Agorodd Dana ddrws y stafell wely, a rhoddodd Gareth ei gês wrth ymyl y gwely. Trodd Gareth tuag at y ferch brydferth. Rhoddodd hi gusan hir iddo fo.

'Wel, nos da,' meddai Dana, 'a phaid â deffro 'Nhad a Mam pan ei di i'r stafell molchi!'

Trodd ar ei sawdl ac aeth allan, gan gau'r drws yn dawel. Edrychodd Gareth yn syn ar y drws, ac yna dechreuodd chwerthin yn dawel.

'Wel! Myn coblyn i!' meddai wrtho'i hun, tra'n tynnu ei ddillad.

gwallt gosod, *wig*
ymlacio, *to relax*

yn awyddus, *eagerly*
cyrion, *outskirts*

Pennod 13

Cafodd groeso cynnes gan rieni Dana wrth y bwrdd brecwast fore trannoeth. Roedd y bwrdd dan ei sang o gigoedd oer, caws, bara cartre a ffrwythau. Roedd arogl y coffi wedi ei ddenu o'r gwely ar ôl pedair awr o gwsg. Teimlai Gareth yn hollol gartrefol, ond, yn anffodus, roedd yr amser yn brin. Ar ôl ffarwelio â'r teulu caredig, cerddodd Dana a Gareth at yr Opel, a gyrrodd Dana'n gyflym ar hyd y ffordd E10 tuag at Rotterdam.

Cyrhaeddon nhw swyddfa'r harbwrfeistr tua chwarter awr cyn i'r llong bananas gyrraedd. Esboniodd Gareth wrth yr harbwrfeistr fod y dail yng ngwaelod y blychau bananas, a chytunodd i drefnu fod swyddogion y tollau yn archwilio'r llong yn ofalus. Cododd ei ffôn, a rhoddodd nifer o orchmynion i'r dynion oedd yn aros am y llong wrth y cei.

Pan laniodd y llong, dringodd nifer o blismyn a swyddogion y tollau ar ei bwrdd. Er i feistr y llong brotestio yn gryf, archwiliwyd pob twll a chornel, a defnyddiwyd cŵn arbennig i arogli'r blychau bananas am gyffuriau. Dechreuodd y cŵn ymateb i'r blychau yn y trydydd howld. Gorchmynnodd swyddog y tollau i'r meistr agor y blychau hynny. Amneidiodd ei ben, a dechreuodd dau forwr agor y blychau'n ofalus. Ond dim ond bananas oedd yn y blychau pren.

Agorwyd blwch arall, ac un arall, ond yr un oedd y canlyniad bob tro. Dim ond bananas oedd yn y blychau.

Archwiliwyd stafelloedd y criw unwaith eto. Dim ymateb gan y cŵn. Roedd y llong yn lân o gyffuriau. Archwiliodd swyddog y tollau lyfr hwylio'r meistr, ond doedd dim arwydd yn hwnnw fod dim o'i le. Doedden nhw ddim wedi galw mewn harbwr arall ar y ffordd.

'Dych chi'n siŵr?' oedd ymateb Gareth.

dan ei sang, *full*
ymateb, *to respond*

amneidio, *to nod*

71

'Ydw, Syr,' atebodd swyddog y tollau. 'Mae 'na gyffuriau wedi bod yn y blychau. Roedd hynny'n amlwg wrth weld ymateb y cŵn, ond does 'na ddim byd ar y llong rŵan, Syr.'

'Dw i'n gweld,' meddai Gareth, gan deimlo braidd yn wirion ei fod o wedi creu'r fath helynt.

'Dych chi'n siŵr eu bod nhw wedi gadael Lagos, Syr?' gofynnodd y swyddog.

'Wel, yn ôl yr adroddiad ges i, roedd y cannabis ar waelod y blychau bananas.'

'Mae'n ddrwg gen i, Syr, ond dydy'r cyffuriau ddim ar y llong rŵan, a dydy hi ddim wedi galw mewn porthladd arall ar y ffordd.'

'Dych chi wedi holi'r criw i gyd?' gofynnodd Dana.

'Do, Miss,' atebodd y swyddog. 'Maen nhw'n gwadu popeth, a does 'na ddim ymateb gan y cŵn yn eu cabanau nhw.'

'Mae'n bosibl fod rhai o'r morwyr wedi sylwi ar swyddogion Lagos yn archwilio'r blychau,' awgrymodd Dana.

'Dw i ddim yn meddwl,' atebodd Gareth. 'Roedden nhw'n ofalus i beidio â dangos gormod o ddiddordeb yn y cargo.'

'Tybed oedd hynny'n beth arferol yn Lagos?' gofynnodd yr harbwrfeistr. 'Mae morwyr Rotterdam yn dechrau amau fod rhywbeth o'i le os nad ydyn ni'n archwilio pob cargo'n ofalus.'

'Efallai wir,' cytunodd Gareth.

'Wnawn ni archwilio'r llong yn ofalus wrth ei dadlwytho,' addawodd y swyddog, 'a fedrwn ni ffonio Inspector Coenraad os down ni o hyd i rywbeth.'

Diolchodd Gareth iddyn nhw am eu trafferth, ac ymddiheurodd am gymryd cymaint o'u hamser. Cerddodd Dana a Gareth yn ôl at yr Opel, yn siomedig.

Gyrrodd Dana yr Opel allan o'r porthladd i bentref enwog Delft. Ar ôl prynu darn o grochenwaith glas, aethon nhw i fwyta cawl pys a *koffietafel*, dewis o gigoedd oer, caws a bara,

amlwg, *obvious*
gwadu, *to deny*
ymddiheuro, *to apologize*
yn siomedig, *disappointedly*
crochenwaith, *pottery*

72

a phaned o de. Ond pigo ar ei fwyd wnaeth Gareth. Aeth dros y digwyddiadau i gyd, ac roedd Dana yn wrandawr da.

'Rhaid fod rhywun wedi dweud wrthyn nhw am y parti oedd yn eu disgwyl nhw.'

'Mae hynny'n amhosibl,' meddai Dana, 'a phrun bynnag, os ydy'r smyglwyr 'ma'n dod â'r stwff i mewn yn rheolaidd, rhaid eu bod nhw'n disgwyl i'r swyddogion archwilio'r llong o bryd i'w gilydd.'

Cytunodd Gareth, ac aeth Dana yn ei blaen.

'Dw i ddim yn meddwl eu bod nhw'n arfer dod â'r cyffuriau i mewn i borthladd Rotterdam. Dydy'r ffaith nad oedd y cannabis ar y llong yn ddim byd i'w wneud â'n harchwiliad ni, heddiw.'

'Ti'n meddwl eu bod nhw'n dadlwytho'r stwff cyn cyrraedd, te?'

'Ydw . . . mae'r sianel i mewn i Rotterdam yn eitha cul, a byddai dyn cryf yn gallu rhoi'r cannabis mewn cwdyn a'i daflu i'r lan i rywun fyddai'n aros ar y tir.'

Ond anghytunodd Gareth.

'Ond bydden nhw'n mentro gormod. Gallai rhywun o'r llong neu o'r tir eu gweld nhw. Dw i ddim yn meddwl fod hynna'n gynllun digon da i'w ddefnyddio'n rheolaidd.'

Gorffennodd y ddau eu cinio, a cherddon nhw at yr Opel. Ar y ffordd yn ôl i Amsterdam awgrymodd Dana,

'Beth petaen nhw'n rhoi'r cannabis mewn cydau plastig, ac yn clymu rhywbeth wrthyn nhw sy'n gallu arnofio? Wedyn gallen nhw daflu'r cydau i'r môr, cyn cyrraedd sianel Rotterdam.'

'Ydy, mae hwnna'n swnio'n fwy ymarferol. A gallai rhywun neu rywrai gasglu'r cydau mewn cwch, ar ôl i'r llong fynd o'r golwg.'

'Gallen, dyna ti,' meddai Dana, 'a gallai'r cynllun weithio'n eitha diogel bob tro.'

Cytunodd Gareth, ac ychwanegodd,

---

arfer, *to be used to*
eu bod nhw'n arfer, *that they usually*
dadlwytho, *to unload*

mentro, *to risk*
arnofio, *to float*

'Wel, dyna ti wedi datrys sut mae'r cyffuriau wedi diflannu. Yr unig broblem sy gen i rŵan ydy darganfod pwy sy wedi casglu'r stwff, ac i ble maen nhw wedi'i gymryd o.'

Cyrhaeddodd yr Opel swyddfa'r heddlu. Doedd swyddfa'r sgwad gyffuriau ddim yn brysur iawn. Roedd y rhan fwyaf o'r plismyn wedi mynd adref ar ôl gweithio drwy'r nos y noson gynt. Tra oedd Dana yn darllen adroddiadau manwl yr ymgyrch ar y stordy, aeth Gareth i grwydro strydoedd a glannau camlesi'r briddinas.

Am hanner awr wedi wyth, aeth Gareth â Dana i gael cinio yn nhŷ bwyta enwog y 'Pum Pry' ar ochr ddeheuol Sgwâr Dam. Roedd awydd bwyd arno erbyn hyn a mwynhaodd y ddau ddarnau o gaws Edam a Gouda efo gwydraid o Jenever i ddechrau, cyn cael *biefstuk* (golwyth cig eidion) a salad, a photel o win Burgundy coch Chambertin. Yng ngolau meddal canhwyllau'r hen dŷ bwyta, anghofiodd y ddau am gyffuriau tra'n mwynhau cwmni ei gilydd.

Ond roedd yn rhaid i Dana alw yn y swyddfa cyn mynd adref. Roedd Iohann yno erbyn hyn, a chafodd y tri baned o goffi cryf. Eisteddodd Gareth mewn cadair gyfforddus yn y swyddfa tra oedd Iohann a Dana yn trafod ymgyrch y sgwad ar y cyflenwyr cyffuriau, a chyn bo hir roedd o'n pendwmpian. Yn y cefndir, clywai lais Iohann yn disgrifio sut roedd dau o'r drwgweithredwyr wedi gadael y stordy tua hanner awr cyn i'r heddlu gyrraedd yno.

'. . . wedi dod o hyd i'r car roedden nhw'n 'i yrru, ym Monster.'

'Mae Monster ar yr arfordir on'd ydy o?' gofynnodd Dana.

'Ydy,' atebodd Iohann gan gerdded at y map, 'wrth ymyl Hoek van Holland . . . ac roedd un o'r plismyn lleol wedi eu gweld nhw'n byrddio cwch pysgota wrth y cei . . . *Den Helder* ydy enw'r cwch . . . ond wyddon ni ddim . . .'

'Dyna'r ateb,' gwaeddodd Gareth, wrth ddod yn gwbl effro.

Edrychodd y ddau arall yn hurt arno.

---

datrys, *to solve*   byrddio, *to board*
pendwmpian, *to doze*   effro, *awake*

'Dych chi ddim yn gweld? Mae'n siŵr mai nhw oedd yn casglu'r cyffuriau o'r môr.'

Gwawriodd y golau yn llygaid Dana.

'Gallet ti fod yn iawn . . . byddai'r amseru'n gywir . . .' Trodd at Iohann. 'Rho neges ar y telex. Rhaid inni ddod o hyd i'r *Den Helder*. Dw i eisiau archwiliad o bob harbwr a thraeth ar hyd yr arfordir.

Anfonwyd copi o'r telex i bencadlys Interpol ac i swyddfa Emlyn Hughes yn Llundain, rhag ofn fod y *Den Helder* wedi croesi'r sianel. Yna, gyrrodd Dana a Gareth adref, yn teimlo'n llawer hapusach am fod darn arall o'r pôs wedi syrthio i'w le. Er eu bod nhw wedi blino, bu'r ddau yn sgwrsio tan oriau mân y bore, a gwaith anodd i'r ddau oedd gwahanu ar ben y grisiau i fynd i'w llofftydd eu hunain.

Drannoeth, ar ôl brecwast, gyrrodd y ddau i faes awyr Schiphol i Gareth gael dal yr awyren 8.20 i Lundain. Addawodd Gareth ddychwelyd yn fuan pan gusanodd Dana yn lolfa'r maes awyr, a theimlai hi'n drist wrth edrych ar yr awyren yn codi i'r awyr. Roedd y ddau wedi tyfu'n ffrindiau agos mewn cyfnod byr iawn.

pôs, *puzzle*
gwahanu, *to separate*

trannoeth, *next morning*
cyfnod byr, *short span of time*

75

Pennod 14

Glaniodd Gareth yn Heathrow ar ôl awr a chwarter yn yr awyren, a chymerodd dacsi i Scotland Yard. Treuliodd weddill y bore yn rhoi adroddiad i Comander Emlyn Hughes ac yn ystod y p'nawn darllenodd grynodeb o'r adroddiadau, i'w ymgyfarwyddo'i hun â datblygiadau'r ymgyrch yn erbyn cyffuriau ym Mhrydain.

Roedd yr ymgyrchoedd wedi bod yn llwyddiannus dros ben. Roedd y cyflenwadau wedi peidio, roedd llawer o'r gwerthwyr yn y carchar ac roedd cannoedd o'r defnyddwyr naill ai wedi troi dalen newydd, gan ymwrthod â chyffuriau, neu'n cofrestru mewn unedau arbennig yn yr ysbytai i leddfu eu poenau wrth ymwrthod â chyffuriau. Roedd rhai o'r bobl ifanc wedi mynd i wersylla yng nghanolbarth Cymru, er mwyn casglu madarch i'w swyno ar drip, ond roedd yr heddlu a'r ffermwyr lleol yn cydweithio i'w symud oddi yno.

Ar ôl bwyta sosej a sglodion yn y cantîn, eisteddodd Gareth o flaen y cyfrifiadur efo myg o de cryf yn ei law. Ar sgrîn y cyfrifiadur, ymddangosodd enwau a chofnod yr heddlu am y gwerthwyr cyffuriau a gafodd eu dal. Gweithiodd drwy'r rhestr, fesul dinas ac yna fesul tref. Erbyn noswylio'r noson honno, yn ei fflat ger gorsaf Euston, roedd o wedi blino'n lân a syrthiodd i gysgu. Breuddwydiodd am Dana.

Drannoeth cymerodd y tiwb i orsaf St. James's Park, a cherddodd weddill y ffordd i'w swyddfa yn Scotland Yard. Roedd hi'n fore braf, ac roedd palmentydd Llundain yn taflu gwres yr haul yn ôl i'w wyneb. Doedd dim llawer o bobl yn y swyddfa, oherwydd byddai llawer o'r sgwad gyffuriau'n cael gwyliau ar ddydd Gwener, cyn prysurdeb y penwythnos. Eisteddodd wrth ei ddesg, galwodd am baned o de, a dechreuodd ddarllen yr adroddiadau oedd wedi cyrraedd yn

ymgyfarwyddo'i hun, *to familiarize himself*   madarch, *mushrooms*
lleddfu, *to ease*

ystod y nos. Darllenodd adroddiad y labordy am y marijuana roedd o wedi ei anfon o Nigeria.

Roedd yn cadarnhau ei fod yr un math â'r cyffur oedd ar werth ym Mhrydain. Llanwodd ffurflen gostau am ei daith, a threuliodd hanner awr yn trafod cyffuriau efo un o'r tîm oedd newydd gyrraedd yn ôl o Hong Kong. Ar ôl cinio, cafodd neges oddi wrth heddlu Swydd Caint yn dweud eu bod nhw wedi dod o hyd i'r cwch pysgota *Den Helder*, a bod capten y cwch yn y ddalfa yn Deal. Cododd Gareth ei ffôn, a threfnodd roi cyfweliad i'r capten y p'nawn hwnnw.

Cafodd fenthyg un o geir yr heddlu, a gyrrodd ar hyd yr M2 i dref Deal. Doedd gan y capten ddim llawer i'w ddweud. Ar y dechrau, roedd o wedi honni nad oedd yn gallu deall Saesneg, ac am eiliad meddyliodd Gareth y byddai pastwn yr holwr o Nigeria yn ddefnyddiol. Hyrddiwyd cwestiynau ato am oriau, rhai mewn Saesneg, rhai mewn Ffrangeg a rhai mewn Almaeneg. Chawson nhw ddim ymateb o gwbl.

Am hanner nos, cyrhaeddodd geneth o heddlu Llundain oedd yn gallu siarad iaith y capten. Ar ôl oriau o gael ei holi'n galed gan blismyn roedd arddull dyner yr eneth yn effeithiol iawn. Esboniodd hi wrtho fod yr heddlu wedi darganfod olion cyffuriau ar ei gwch, er nad oedd hynny'n wir, a'i fod yn debygol o orfod sefyll ei brawf ar ei ben ei hun, tra oedd ei gyfeillion yn rhydd.

Tua phedwar o'r gloch y bore, galwyd Gareth i weld y capten unwaith eto. Roedd o wedi cyfadde' iddo gario dau ddyn o Monster ar draws y sianel, ond roedd o'n gwadu popeth am gyffuriau. Llywio'r cwch oedd ei waith o, a dim byd arall. Yn araf, dros baned o de, disgrifiodd y capten sut roedd y ddau ddyn wedi talu'n dda iddo am fynd â nhw i gasglu sachau o rywbeth oedd yn arnofio ar y môr. Doedd o ddim wedi holi beth oedd yn y sachau. Doedd o ddim eisiau

cadarnhau, *to confirm*
costau, *expenses*
Swydd Caint, *Kent*
cyfweliad, *interview*
honni, *to claim*

hyrddio, *to hurl*
arddull, *style/approach*
tebygol, *likely*
gwadu, *to deny*

gwybod, a doedd o ddim yn gwybod ble roedd y dynion rŵan. Roedden nhw wedi gadael y *Den Helder* yn Deal. Atebai'r capten yn araf erbyn hyn. Roedd o'n flinedig iawn. Nag oedden. Doedd y dynion ddim wedi cymryd y sachau efo nhw. Holodd y ferch yn ofalus am y cydau plastig. Nag oedden. Doedden nhw ddim ar y *Den Helder*. Roedd y dynion wedi trosglwyddo'r pedwar cwdyn du i gwch arall yng nghanol y sianel. Nag oedd. Doedd y capten ddim wedi gweld y cwch hwylio o'r blaen a doedd o ddim yn 'nabod y dyn oedd yn ei hwylio.

Cofnododd yr heddferch ddisgrifiad manwl o'r cwch hwylio a'r dyn oedd arno. Diolchodd Gareth iddi am ei chymorth, a dychwelodd i'w gar a'i yrru'n ôl i Lundain. Roedd o wedi dal ychydig o gwsg tra oedden nhw'n holi'r hen gapten yn Deal ac roedd ei gorff wedi arfer mynd am gyfnodau hir heb gwsg. Roedd ei waith yn galw am hynny'n rheolaidd. Pan gyrhaeddodd y swyddfa, bwydodd y wybodaeth i mewn i'r cyfrifiadur, ac anfonodd gopi o dyst-iolaeth y capten ar y telex at Dana yn Amsterdam.

Cysgodd am dair awr ar wely yn Scotland Yard, ac ar ôl cael swper — neu frecwast — ailgydiodd yn y gwaith o ddadan-soddi'r wybodaeth i gyd. Roedd hi'n amlwg fod damcaniaeth Dana'n gywir. Roedd rhywun wedi taflu'r cyffuriau i'r môr o fwrdd y llong, cyn cyrraedd y sianel i Rotterdam. Roedd hi'n debygol fod y ddau ddyn a adawodd stordy Amsterdam cyn i'r heddlu gyrraedd wedi gyrru i Monster ac wedi perswadio capten y *Den Helder* i fynd â nhw i gasglu'r cyffuriau. Wedyn, roedden nhw wedi trosglwyddo'r cyffuriau i gwch arall, cyn dod i'r lan ym mhorthladd Deal a diflannu. Rhoddodd Gareth ddisgrifiad o'r dynion ar y cyfrifiadur ac anfonodd y manylion i bob swyddfa heddlu yn Llundain. Roedd o'n siŵr fod y ffoaduriaid yn cuddio yn y brifddinas. Ond doedd y pôs ddim yn gyflawn eto. Roedd o'n gwybod beth oedd wedi digwydd i'r cyffuriau, ond rŵan roedd cymeriad newydd

cofnodi, *to record*
gwybodaeth, *information*
damcaniaeth, *theory*

a adawodd, *who left*
ffoaduriaid, *fugitives*

wedi ymddangos yn y pôs. Roedd ei ben yn troi, wrth iddo bendroni dros y cam nesaf.

Gadawodd Gareth y cyfrifiadur, ac aeth i'r stafell gyffredin am hoe. Yno, roedd grŵp o gwnstabliaid ifanc yn dadlau am chwaraeon, ac roedd y teledu ymlaen yn uchel yn y gornel. Eisteddodd Gareth o flaen y teledu i wrando ar newyddion y dydd. Doedd dim llawer o bethau wedi digwydd yn ystod ei daith i'r Cyfandir. Roedd geneth drwsiadus y newyddion yn darllen am broblemau diweithdra'r wlad, yn trafod ffrae oedd wedi bod yn Nhŷ'r Cyffredin, yn rhybuddio fod terfysgwyr yn bwriadu ffrwydro bomiau yn Llundain eto, a bod protestiadau gwrth-niwclear yn cynyddu. Cododd ei glustiau pan ddaeth gohebydd o Gymru ar y sgrîn i ddisgrifio enillwyr y ras hwylio o gwmpas Prydain, pâr priod oedd wedi torri'r record yn eu trimarán newydd.

Dechreuodd olwynion ei feddwl droi. Roedd y capten yn Deal wedi sôn am gwch hwylio. Tybed. Oedd 'na gysylltiad? Nag oedd. Roedd yr amseru yn anghywir. Fasai'r cychod hwylio byth wedi cyrraedd diwedd y ras yng Nghaergybi pe bydden nhw yn y sianel bedair noson yn ôl, pan groesodd *Den Helder* o'r Iseldiroedd.

Ond gwrthododd y syniad adael ei feddwl, a phan ddychwelodd i'w swyddfa cododd ei ffôn, a cheisio cysylltu â'r gymdeithas yn Weybridge oedd yn trefnu'r ras hwylio o gwmpas Prydain.

---

stafell gyffredin, *common room*
hoe, *rest*
trwsiadus, *well-dressed*

gohebydd, *reporter*
amseru, *timing, to time*

Rhan 3

Pennod 15

Roedd Charles wrth ei fodd, a'r gwynt yn chwythu drwy ei wallt, wrth i *Prince* ffarwelio â Plymouth Hoe. Roedd o ar y cam olaf, ac roedd *Prince* wedi ymddwyn yn ardderchog. Tynhaodd y rhaffau i newid yr hwyliau, ac ymatebodd *Prince* ar unwaith. Oedd, roedd o'n falch ei fod o wedi prynu'r catamarán. Hwyliodd yn ei flaen i gyfeiriad yr haul oedd yn machlud yn goch ar y gorwel.

Roedd y cychod mawr yn y dosbarth cyntaf wedi cyrraedd Caergybi eisoes ac wedi gorffen y ras, ond roedd Charles yn bedwerydd yn ei ddosbarth wrth gychwyn ar y cam olaf o borthladd Plymouth i Gaergybi. Roedd y catamarán wedi hwylio'n gyflym ar y cam cyntaf, ac wedi dal y llif cywir wrth basio Pentir Kintyre. Ond ar ôl cyrraedd Môr yr Iwerydd, roedd y gwynt wedi newid, ac roedd o wedi gorfod gweithio'r hwyliau'n galed i gyrraedd Ynys Barra, un o Ynysoedd yr Hebrides. Yno, roedd o wedi gweithio ar *Prince* am ddiwrnod, ac wedi ymlacio drwy fynd ar fws o gwmpas yr unig ffordd oedd ar yr ynys ar yr ail ddiwrnod o orffwys gorfodol.

Fore Mercher, roedd o wedi gadael Castlebay ar y llanw cyntaf, ond oherwydd gwyntoedd cryf o'r Gogledd Orllewin, roedd o wedi morio'r storm ger Ynys Sant Kilda. Roedd o wedi colli diwrnod cyfan yn aros i'r storm dawelu, ond wythnos union ar ôl iddo adael Caergybi, roedd o'n hwylio ar hyd glannau gogledd yr Alban. Roedd o wedi dod i arfer efo byw bywyd caled, di-gwsg, yn ystod ei amser efo'r fyddin, ac roedd ganddo amserlen bendant i'w dilyn bob nos.

machlud, *sunset*
llif, *current*

Môr yr Iwerydd, *Atlantic Ocean*
gorfodol, *compulsory*

Roedd hi'n amhosibl cael wyth awr o gwsg tra oedd y cwch yn symud, oherwydd gallai'r tywydd fod mor gyfnewidiol, a phetai'r gwynt yn newid tra oedd o'n cysgu, gallai'r catamarán droi drosodd. Felly, bob awr, ar yr awr, drwy'r nos, byddai ei gloc larwm yn ei ddeffro. Byddai Charles yn codi ar un-waith, yn gwrando ar ei radio, yn edrych o gwmpas y gorwel, yn darllen y cwmpawd, y radar a'r sonar, yn cyweirio'r hwyliau a'r offer hwylio awtomatig os byddai ei angen, yn ysgrifennu yn y llyfr log, yn cael diod boeth, yn ailosod ei gloc larwm, ac yna'n dychwelyd i'w sach gysgu, am dri chwarter awr arall o gwsg.

Wrth weithio fel hyn, cyrhaeddodd Charles Lerwick, porthladd prif ynys Shetland, erbyn amser cinio dydd Sul. Yno, manteisiodd ar brynhawn braf i sychu ei ddillad ac i lanhau'r offer ar ôl stormydd arfordir gorllewinol yr Alban. Roedd cam hir o'i flaen, pedwar cant saith deg o filltiroedd i lawr arfordir dwyreiniol yr Alban a Lloegr.

Roedd o wedi gadael Lerwick ac wedi dadflino'n llwyr, ond am dri munud wedi naw nos Fercher rhybuddiodd Radio Wick fod tymestl nerth naw yn dod o'r Gorllewin. Trodd Charles ei radio o sianel 26 i'r sianel wrando a chysylltu, sianel 15 ar y donfedd uchel iawn. Cerddodd o gwmpas y catamarán i wneud yn siŵr fod popeth wedi'i glymu'n dynn, a rhoddodd bopeth diangen yn y caban. Ailosododd yr hwyliau, gwisgodd ei ddillad storm a llanwodd hanner dwsin o fflasgiau â diod boeth, a'u rhoi mewn cwpwrdd bach wrth y llyw.

Yn oriau mân bore Iau, cyrhaeddodd y dymestl. Roedd y gwynt, yn wir, o nerth naw, ac yn codi'n uwch. Roedd tonnau'r môr fel mynyddoedd, ac roedd *Prince* yn mynnu dringo pob un. Gafaelodd Charles yn dynn yn y llyw, a newidiodd yr hwyliau am y ganfed waith. Chwythodd y gwynt yn gryfach, a neidiodd calon Charles i'w wddf, tra plymiau'r catamarán i gafn arall rhwng y tonnau. Doedd

cyfnewidiol, *changeable*
tymestl, *gale*
tonfedd uchel iawn, *very high frequency,*
  VHF

diangen, *unnecessary*
nerth, *force*
tonnau, *waves*
cafn, *trough*

dim ofn pobl ar gyn-aelod yr S.A.S., ond roedd ganddo barch mawr tuag at rym y môr.

Rhedai geiriau'r hen forwr o'r Felinheli drwy'i feddwl sawl gwaith yn ystod y dymestl, 'Unwaith iti droi ''cat'' wyneb i waered, mae hi ar ben arnat ti. Fedri di mo'i gywiro fo.'

Chafodd Charles ddim cwsg o gwbl tra oedd y storm yn ei hanterth. Roedd o wedi clywed am stormydd enbyd Môr y Gogledd gan ddynion oedd yn gweithio ar y rigiau olew yng nghanol y môr.

Gostegodd y gwynt am gyfnod byr brynhawn Iau, ond pan ailgydiodd y moroedd, roedd y dymestl yn gryfach nag o'r blaen. Roedd o'n oer ac yn flinedig iawn, ond roedd o'n rhy bell o'r tir i gael unrhyw gysgod. Cododd i ail-lenwi'r fflasgiau â diod boeth, i'w gadw'n effro. Roedd yn rhaid iddo gael diod i'w gadw rhag fferru.

Yn sydyn, gafaelodd y gwynt yn ei ddillad. Llithrodd ei draed ar y byrddau gwlyb, a'r eiliad nesaf roedd Charles dros ei ben yn y môr. Trawodd oerni'r môr yr anadl o'i ysgyfaint. Dechreuodd lyncu dŵr hallt wrth iddo geisio anadlu. Teimlodd boen yn ei ochr wrth i rywbeth dynnu ar ei ddillad. Wrth gwrs. Y rhaff achub.

Gorfododd Charles ei hun i feddwl yn bwyllog. Cymerodd anadl dwfn, a dechreuodd ei dynnu ei hun yn ôl tuag at *Prince*. Yn ffodus, roedd o wedi gosod yr offer rhyddhau hwyliau a'r llyw awtomatig cyn codi i nôl diod boeth, ac roedd y catamarán yn hwylio'n ddigon hapus i ddannedd y storm. Ar ôl cyfnod byr, (oedd yn teimlo fel dyddiau ar y pryd), gafaelodd Charles yn yr ysgol, a dringodd yn ôl ar fwrdd *Prince*.

Gorfododd ei hun i lyncu wisgi, tynnodd ei ddillad gwlyb a rhwbiodd ei hun yn galed â'r lliain. Gwnaeth ddiod boeth, gwisgodd ac aeth yn ôl at y llyw. Roedd hi'n dywyll erbyn hyn, ond roedd y storm yn gostegu, fel petai wedi chwythu'i phlwc ar ôl methu boddi Charles.

yn ei hanterth, *at its height*	ysgyfaint, *lungs*
enbyd, *terrible*	rhaff achub, *safety line*
gostegu, *to subside*	chwythu'i phlwc, *to expire*
fferru, *to freeze*	

Nid Charles oedd yr unig gystadleuydd oedd yn falch o gyrraedd hafan Lowestoft, lle roedd deuddydd o orffwys iddyn nhw. Dros y penwythnos llithrodd mwy o gychod i mewn i'r harbwr a'r cwbl yn dangos creithiau'r frwydr yn erbyn y dymestl. Welodd Charles mohonyn nhw. Welodd o mo ddydd Sul, chwaith. Cysgodd yn drwm am bedair awr ar hugain.

Ond roedd sioc arall yn aros amdano ddydd Llun. Roedd o'n brysur yn atgyweirio *Prince*, pan gyrhaeddodd y sioc.

'Ga'i fyrddio'r cwch 'ma?' gofynnodd llais y tu ôl iddo.

Trodd Charles mewn syndod a gweld Paddy Flynn yn sefyll o'i flaen.

'Be ar y ddaear wyt ti'n 'neud yma?'

'Eisiau gofyn cymwynas fach,' meddai'r Gwyddel.

'Well iti ddod i mewn.'

Camodd Paddy ar fwrdd y catamarán, ac aeth y ddau i lawr i'r caban.

Dywedodd Paddy wrtho am drydedd ymgyrch yr heddlu ar ddiwrnod cychwyn y ras, a chafodd Charles fraw pan ddywedodd y Gwyddel fod Dave Wilson yn y carchar. Esboniodd Paddy fod yr heddlu wedi llwyddo i gau'r ffynonellau arferol, a bod y rhan fwyaf o'r gwerthwyr a'r cyflenwyr dan glo. Doedd yr heddlu ddim wedi bod yn agos at Paddy, ac roedd o'n dal mor frwdfrydig ag erioed.

'Dwyt ti ddim yn gweld?' gofynnodd y Gwyddel. 'Does 'na ddim byd ar y strydoedd ar hyn o bryd. Petaen ni'n cael cyflenwad o ffynhonnell newydd, bydden ni'n g'neud ffortiwn.'

'Ond rôn i'n meddwl fod yr heddlu wedi stopio dy gyflenwad di.'

'Roedden nhw. Ond, dim ond galwad neu ddau ar y ffôn a fydda i'n ôl mewn busnes. Dw i wedi cysylltu â chyflenwyr newydd yn Amsterdam. Mae ganddyn nhw stordy yno, sy'n troi'r marijuana yn 'hash'. Fydd o i'r dim i ni.'

creithiau'r frwydr, *scars of battle*	cyflenwad, *supply*
atgyweirio, *to repair*	ffynhonnell, *source*
dan glo, *locked up*	i'r dim, *ideal*
brwdfrydig, *enthusiastic*	

'Dw i'n gweld,' meddai Charles, 'ond sut wyt ti'n mynd i'w smyglo fo i mewn? Rôn i'n meddwl fod yr heddlu'n effro iawn ymhob man.'

'Wel,' meddai Paddy, 'dyna pam dw i wedi dod i dy weld di. Dw i eisiau dy help di.'

Esboniodd Paddy ei gynllun wrth Charles, a chytunodd hwnnw i wneud ei ran. Rhoddodd Paddy set R.W. (Radio'r Werin) newydd i Charles i'w gosod yng nghaban *Prince*. Ar ôl dangos i Charles sut i ddefnyddio'r radio, gadawodd Paddy'r catamarán, yn hapus. Cerddodd at ei jîp, a gyrrodd at westy'r *Victoria* ar ben clogwyni Lowestoft. O'r gwesty, ffoniodd y Gwyddel y Gyfnewidfa Ffôn Gydwadol, ac ar ôl cael y côd cywir, ffoniodd rif y stordy yn Amsterdam, er mwyn cadarnhau'r trefniadau.

Roedd chwe diwrnod wedi pasio ers iddo weld Paddy yn Lowestoft. Roedd y gwynt yn dechrau troi. Daeth ei feddwl yn ôl i'r presennol. Gwelai oleudy tal, main, Bishop's Rock yn wincio arno. Rhaid ei fod o'n dechrau blino. Roedd ei feddwl yn crwydro i bob man. Taflodd ddŵr oer ar ei wyneb. Roedd croen ei wyneb yn galed ar ôl mis ar y môr, ac roedd swigod ar ei ddwylo ar ôl trin y llyw a'r rhaffau.

Edrychodd ar ei siart. Trodd y catamarán mewn chwarter cylch i'r dde. Plygodd ei ben, a symud bŵm yr hwylbren i'r ochr chwith. Cyweiriodd yr hwyliau. Gosododd y cwmpawd a'r llyw awtomatig ar gwrs newydd tuag at y Gogledd Ogledd Ddwyrain, ac aeth i'r caban i orffwys. Gosododd ei gloc larwm am dri chwarter awr. Er nad oedd rhagolygon y tywydd yn ddrwg, cododd bob awr, ar yr awr, drwy gydol y nos.

---

radio'r werin, *citizen's band radio, CB*
clogwyni, *cliffs*
cyfnewidfa ffôn gydwladol, *international telephone exchange*

cadarnhau, *to confirm*
swigod, *blisters*
rhagolygon y tywydd, *weather forecast*

84

Pennod 16

Pan ddeffrodd Charles am chwech o'r gloch, roedd hi'n fore Sul braf. Treuliodd y rhan fwyaf o'r diwrnod hwnnw'n cysgodi rhag yr haul poeth. Roedd hi'n rhy boeth yn y caban ond roedd hi'n waeth ar fwrdd y catamarán. Yn sydyn, ganol y bore, roedd y gwynt wedi gostegu ac wedi diflannu'n gyfan gwbl. Doedd dim awel o gwbl yn cosi'r hwyliau. Gallai Charles weld pedwar cwch arall o'r ras yn cael yr un broblem. Roedd y môr fel llyn, ac yn hollol lonydd.

Tynnodd yr hwyliau i lawr, gorweddodd ar ei wely, a cheisiodd gysgu. Ond roedd hi'n rhy boeth. Dechreuodd ei feddwl grwydro eto. Roedd trefniadau Paddy wedi gweithio'n dda. Roedd Charles wedi gadael Lowestoft tua dau o'r gloch b'nawn Mawrth. Yn fwriadol, roedd o wedi gosod cwrs i'r De Ddwyrain, i'w gadw rhag mynd ar dwyni tywod Goodwin oedd yn agos i wyneb y môr oddi ar arfordir Swydd Caint.

Am chwarter wedi dau y bore, gwelodd Charles oleuadau'r llong hofran, oedd yn croesi o Ramsgate i Calais, yn mynd heibio iddo. Hanner awr yn ddiweddarach gwelodd olau arall yn fflachio, o'r Dwyrain iddo. Tynnodd ei hwyliau i lawr. Doedd o ddim wedi gweld cwch arall o'r ras ers oriau. Roedden nhw wedi cadw'n nes at y lan er mwyn cael mwy o wynt; roedd awel y nos yn gryfach wrth ymyl y lan, gan fod y tir yn oeri'n gynt na'r môr.

Roedd y cwch pysgota, *Den Helder*, wedi ffrwtian tuag ato o'r tywyllwch. Doedd y dynion ddim wedi dod ar fwrdd *Prince*, ond roedden nhw wedi taflu pedwar cwdyn plastig du ar fwrdd y catamarán, cyn mynd ymlaen ar eu siwrnai tuag at y Gorllewin. Roedd Charles wedi rhoi'r cydau plastig mewn cwpwrdd o dan ei wely, cyn codi'r hwyliau eto ac ail-gychwyn y ras tuag at Plymouth. Roedd y gwynt wedi bod yn ffafriol, ac roedd o wedi'i blesio'i hun drwy oddiweddyd

bwrdd, *deck*
trefniadau, *arrangements*

twyni tywod, *sand banks*
goddiweddyd, *to overtake*

rhai o'r cychod eraill yn y ras. Edrychodd Charles ar ei oriawr. Cododd ac aeth allan i edrych ar ei anemometr. Doedd y tair soser sensitif ddim yn symud. Aeth yn ôl i'r caban i baratoi cinio Sul; sardîns a thun o eirin gwlanog. Roedd o'n dechrau syrffedu ar y bywyd llonydd, mor agos i ddiwedd y ras. Ceisiodd bysgota am gyfnod, ond ddaliodd o ddim byd. Tynnodd ei ddillad ac er mwyn cael rhyddhad rhag y gwres llethol neidiodd i mewn i'r môr. Mwynhaodd nofio o gwmpas y catamarán am tuag ugain munud, cyn dringo'n ôl ar fwrdd *Prince*. Cerddodd i'r stafell molchi yn y caban, a chymerodd gawod sydyn i olchi'r heli oddi ar ei gorff. Sychodd ei hun yn drwyadl, ac ailwisgodd. Roedd o'n teimlo'n well ar ôl ei ymarfer, ond doedd dim sôn am y gwynt. Er bod llif llanw'r bore wedi cymryd ei gwch yn nes i'r Gogledd, roedd trai fin nos wedi cario *Prince* yn ôl i'r un man. Am hanner awr wedi wyth, trodd ei radio i Sianel 24, a chlywodd ragolygon y tywydd ar Radio Celtic yn addo gwynt teg cyn y bore. Trodd ei radio'n ôl i Sianel 16, a choginiodd swper iddo'i hun.

Ar ôl golchi'r platiau, arllwysodd wydraid bach o wisgi. Roedd o wedi syrffedu'n lân. Cododd fatres ei wely a chymerodd y cydau plastig o'u cuddfan. Roedd o wedi gorfod aros ar fwrdd *Prince* yn harbwr Plymouth i gadw llygad ar ei lwyth peryglus. Roedd y cydau yn ysgafn iawn, ond roedd y plastig wedi cadw'r dail yn sych. Clymodd y cydau'n dynn at ei gilydd. Oedd, roedd cynllun Paddy wedi gweithio'n ardderchog, hyd yn hyn.

Cymerodd Charles y set Radio'r Werin o'r cwpwrdd, a throdd y deial i Sianel 14. Gwrandawodd am gyfnod ar leisiau gwan defnyddwyr y cyfrwng yn siarad â'i gilydd yn eu hiaith arbennig. Pan fyddai'r gwynt yn codi, ac yn ei chwythu'n nes i'r Gogledd, byddai Paddy yn aros am neges gan Charles drwy gyfrwng y radio. Trodd fotwm Radio'r Werin i ffwrdd, ac aeth yn ôl ar fwrdd y catamarán. Ble roedd y gwynt? Roedd Charles ar bigau'r drain eisiau ailgychwyn y

syrffedu, *to be bored*
llethol, *overpowering*
trwyadl, *thorough*

llif, *flow*
trai, *ebb tide*
cuddfan, *hiding place*

ras. Ond rhaid oedd bodloni ar fynd yn ôl i'r caban i geisio cysgu ar ôl diwrnod blinedig o segurdod.

Roedd yr Uwch-Arolygydd Gareth Pritchard, ar y llaw arall, wedi cael Sul prysur iawn. Roedd o wedi gorfod codi'n gynnar eto y diwrnod hwnnw, ar ôl methu cael ateb ar y ffôn nos Sadwrn. Roedd o wedi gyrru heibio i Wimbledon a Hampton Court i dŷ un o drefnwyr y ras hwylio o gwmpas Prydain, yn Weybridge. Yno, mewn tŷ ar lan afon Tafwys, roedd o wedi cael paned o goffi, tra oedd gweinyddwr y ras yn rhoi manylion y cychod iddo fo.

'Catamarán, ddwedsoch chi?'

'Ie,' atebodd Gareth, 'cwch tua 31 o droedfeddi.'

'Mm . . . dim ond saith catamarán sy yn y ras. Ddylai hi ddim bod yn rhy anodd i ddarganfod pwy oedd o.'

'Ga' i enwau pawb sy'n hwylio mewn catamarán, os gwelwch yn dda?'

'Mae hyn yn afreolaidd iawn, wyddoch chi. Ond wrth gwrs, rydyn ni eisiau helpu'r heddlu.'

'Diolch yn fawr ichi, Syr,' meddai Gareth, yn amyneddgar. 'Rŵan, yr enwau, os gwelwch yn dda?'

'Wel, o'r disgrifiad dych chi wedi'i roi i mi, dim ond un sy'n ffitio'r ffeithiau. Mae 'na ddau yn hwylio pob catamarán arall,' meddai'r gweinyddwr, gan edrych drwy ei restr.

'Cyn-aelod o'r fyddin, cyfnod efo'r S.A.S., dyn cyfoethog sy'n gallu cystadlu heb nawdd unrhyw gwmni. Na. Gadewch imi edrych ar y rhestr eto. Dydy dyn fel 'na ddim yn droseddwr.'

'Mae'n anodd dweud pwy sy'n gallu bod yn ddrwgweithredwr, Syr,' meddai Gareth. 'Rhaid inni ddilyn pob trywydd gawn ni.'

'Wrth gwrs, Uwch-Arolygydd. Wright ydy'i enw fo, Charles Windsor Wright.'

Ar ôl diolch i'r gweinyddwr am ei gydweithrediad, gyrrodd Gareth yn ôl i'w swyddfa yn llawen. Roedd o'n amau bod darn olaf y pôs yn syrthio i'w le. Roedd o wedi

bodloni, *to be content* nawdd, *sponsorship*
segurdod, *idleness* troseddwr, *criminal*

87

gweld adroddiad llawn ar y ras hwylio, ac roedd o wedi cadarnhau y gallai Charles Wright fod yn hwylio i lawr y Sianel nos Fawrth, pan groesodd y *Den Helder* o'r Iseldiroedd.

Pan gyrhaeddodd ei swyddfa, bwydodd Gareth enw Charles i mewn i'r cyfrifiadur. Ymddangosodd manylion am Charles a'i glwb ar y sgrîn, ac ar ôl trawsgymharu pellach, ymddangosodd enwau tri arall oedd yn gysylltiedig â'r clwb, sef James Arnold, Robert Smythe a David Wilson. Oedd, roedd y cliwiau yn arwain at Charles, ond doedd ganddo ddim tystiolaeth bendant yn ei erbyn. Os oedd ei ddamcaniaeth yn gywir, byddai'r prawf hwnnw ar fwrdd y catamarán pan fyddai Charles yn hwylio i harbwr Caergybi ar ddiwedd y ras.

Cododd ei ffôn a galwodd y Comander Emlyn Hughes. Cytunodd y comander fod damcaniaeth Gareth yn dal dŵr, a rhoddodd ganiatâd iddo deithio i Gaergybi i aros am Charles. Daliodd Gareth y trên dros nos o Euston, a chyrhaeddodd Gaergybi wrth i'r Pabyddion fynd i'r offeren gyntaf fore Llun. Roedd car yn aros amdano wrth yr orsaf, a gyrrodd, ar ei union, i bencadlys y ras ar draeth Newry.

Dros blatiaid o gig moch ac wyau, esboniodd llywydd y ras fod rhai o'r cychod wedi treulio'r diwrnod cynt yn segur rhwng ynysoedd y Scilly a Phenrhyn Penfro, ac yn ôl y wybodaeth ddiweddaraf, roedd Charles Wright yn un o'r rheiny. Ychwanegodd fod y gwynt wedi codi dros nos, a'u bod nhw'n disgwyl i *Prince* gyrraedd Caergybi yn gynnar fore trannoeth. Diolchodd Gareth iddo, a gyrrodd i swyddfa heddlu Caergybi i drefnu croeso swyddogol i Charles.

---

cysylltiedig â, *connected with*   diweddaraf, *latest*
offeren, *mass*

Pennod 17

Erbyn amser brecwast fore Llun roedd Charles wrthi'n brysur yn hwylio unwaith eto, yn llywio'i gatamarán heibio i Ynys Skomer, oddi ar arfordir Dyfed. Roedd y gwynt wedi codi tua dwy awr cyn toriad gwawr. Cafodd ei ddeffro gan dincial gwifrau'r hwylbren yn taro yn erbyn yr alwminiwm. Roedd o wedi croesawu'r gwynt, ac wrth ei fodd fod y ras wedi ailgychwyn. Cododd y 'spinnaker' a llamodd *Prince* tros wyneb y dŵr.

Erbyn wyth o'r gloch y nos, roedd o bron â chyrraedd Ynys Enlli pan rybuddiodd Radio Môn fod niwl trwchus yn yr ardal. Ac yn wir, ar ôl pasio Ynys Enlli, gallai weld wal o niwl tew o'i flaen. Penderfynodd ddefnyddio'i gwmpawd a'i radar i hwylio'n agos i arfordir gogleddol Penrhyn Llŷn. Byddai'n rhaid iddo ddefnyddio'i allu morwriaethol i gyd er mwyn cyrraedd traeth Llanddwyn mewn pryd i gyfarfod â Paddy Flynn.

Am wyth o'r gloch roedd y Gwyddel wedi gadael dinas Lerpwl. Roedd o wedi blino ar ôl treulio'r diwrnod yn cael profion mewn ysbyty yn Lerpwl i geisio darganfod beth oedd yn achosi'r poenau yn ei fol. Cafodd brawf gwaed, prawf ar ei ddŵr, ac archwiliad manwl gan un o arbenigwyr yr ysbyty. Ond roedd y boen wedi cilio am y tro. Gyrrodd Paddy yn gyflym ar hyd arfordir Gogledd Cymru. Doedd dim llawer o geir ar y ffordd, ac o fewn dwy awr roedd ei jîp yn croesi Pont Britannia. Trodd i'r chwith.

Trodd i'r chwith eto wrth dollborth wyth-ochr Telford, yn Llanfairpwllgwyngyllgogerychwyrndrobwllllantysiliogogo-goch, neu 'Dinas yr Wyddor' yn ôl defnyddwyr Radio'r Werin. Trodd i'r chwith yng nghanol pentref Niwbwrch, pasiodd y tollborth modern, gwag, a pharciodd y jîp ym

gwifrau, *wires*
rhybuddio, *to warn*
niwl, *fog*
morwriaethol, *navigational*

profion, *tests*
arbenigwr, *specialist*
wedi cilio, *had receded*
Dinas yr Wyddor, *Alphabet City*

maes parcio traeth Llanddwyn. Doedd neb o gwmpas, ac roedd y niwl yn wlyb ar ei wyneb wrth iddo adael y jîp a dringo'r twyni tywod. Doedd Paddy ddim yn gallu gweld ynys y cariadon, lle adeiladodd Santes Dwynwen ei lleiandy. Cyn belled ag y gwelai drwy'r niwl, roedd y traeth melyn, sy fel magned i dorheulwyr yn yr haf, yn hollol wag. Tynnodd erial o ben ei set R.W., trodd y botwm at sianel 14, a dechreuodd Paddy Flynn ddarlledu.

'Papa Foxtrot yn galw. Papa Foxtrot yn galw.' Dim ateb. Gwingodd. Roedd y boen yn ôl. Ceisiodd ddarlledu eto.

'Papa Foxtrot yn galw *Prince*. Tyrd i mewn, *Prince*.'

Dim ateb yr eildro. Cerddodd yn ôl at y jîp a rhoddodd y radio ar y sedd wrth ei ymyl. Llyncodd gegaid o wisgi i leddfu'r boen yn ei fol. Cyn bo hir camodd o'i sedd eto, a dechreuodd dynnu ei ddillad. Roedd y niwl yn cau fel maneg oer dros ei gorff. Dechreuodd ailwisgo, mewn dillad rwber nofiwr tanddwr. Tynnodd y siwt rwber dynn dros ei sgwyddau a chaeodd y sip. Rhoddodd ei anorac amdano, a dringodd yn ôl i'r jîp i gael rhagor o'r wisgi.

Erbyn hyn, roedd Charles, yn ôl ei amcangyfrif ar y siartiau, wedi cyrraedd gyferbyn â'r Eifl a phentre' Nant Gwrtheyrn. Ailosododd ei offer ar gwrs tuag at y Gogledd. Roedd y niwl yn gwaethygu, ond byddai'n orchudd da i guddio ymweliad Paddy. Un lwcus fu'r Gwyddel erioed, meddyliodd Charles, a theimlai'n falch ei fod o wedi trefnu ei wneud o yn bartner. Ystyriodd dorri'r newyddion da iddo'r noson honno, ond penderfynodd beidio. Byddai gan y Gwyddel ddigon ar ei feddwl eisoes. Cododd ei set R.W., tynnodd yr erial a throdd y botwm i sianel 14. Gwthiodd y botwm siarad.

'*Prince* yn galw. *Prince* yn galw.'

Dim ateb. Trodd y botwm sain yn uwch.

'*Prince* yn galw. *Prince* yn galw.'

lleiandy, *nunnery*	amcangyfrif, *reckoning*
torheulwyr, *sunbathers*	gorchudd, *cover*
R.W. = Radio'r Werin	erioed, *always*
darlledu, *to broadcast*	ystyried, *to consider*
lleddfu, *to ease*	eisoes, *already*
tanddwr, *underwater*	botwm sain, *volume control*

Clywodd Paddy lais Charles yn dod yn wan drwy'r niwl. Gwthiodd y Gwyddel ei fotwm i siarad.

'Papa Foxtrot yn galw *Prince*, 10—1.'

Clywodd Charles lais Paddy yn dweud wrtho fod ei signal yn wan. Trodd y botwm sain unwaith eto.

'*Prince* yn galw Foxtrot. Ydy hynna'n well?'

'10—2, ti'n chwythu mwg, *Prince*. Cer at y to.'

'10—4,' atebodd Charles, a throdd fotwm ei radio i Sianel 40. Gwnaeth Paddy yr un peth, ac yna gwthiodd ei fotwm siarad.

'Papa Foxtrot yn galw *Prince*.'

'Sut mae, Papa Foxtrot?' gofynnodd Charles.

'Bydd yn ofalus, da ti, wyddost ti ddim pwy sy'n gwrando.'

'10—4, Papa Foxtrot.'

'Q.R.E.?'

'Tua chwarter awr,' atebodd Charles.

'10—4. Dw i yn New Brighton yn barod.'

'10—4, Papa Foxtrot, 10—10.'

Trodd Paddy ei set radio i ffwrdd. Camodd o'r jîp a dechreuodd wisgo tanc awyr ar ei gefn. Gwisgodd wregys pwysau, menig a het rwber, rhoddodd sbectol nofio ar ei ben, a chariodd sgidiau llyffant yn ei law, tra'n cerdded tuag at y môr. Roedd y boen wedi diflannu, am y tro.

Ar ôl nofio am ychydig, cododd Paddy i wyneb y môr. Doedd dim golwg o'r lan o'r catamarán. Nofiodd yn yr unfan. Gwrandawodd. Yna, gwelodd hwl miniog *Prince* yn dod tuag ato drwy'r niwl. Nofiodd y Gwyddel yn gyflym o'r ffordd, a rhoddodd waedd ar Charles. Llaciodd Charles yr hwyliau a stopiodd y cwch.

Dringodd Paddy ar fwrdd *Prince*, a gwingodd eto gan boen.

10—1 = derbyniad yn wan, *(reception weak)*
10—2 = derbyniad yn dda
chwythu mwg = yn uchel ac yn glir
cer at y to = ewch i sianel 40
10—4 = derbyniwyd y neges

Q.R.E.? = pryd byddwch chi'n debygol o gyrraedd?
New Brighton = Niwbwrch
10—10 = darllediad wedi gorffen
gwregys pwysau, *weights belt*
sgidiau llyffant, *flippers*
gwaedd, *a shout*

'Wyt ti'n iawn?' gofynnodd Charles.

'Ydw, diolch. Dydy'r wisgi ddim yn cymysgu'n dda efo'r awyr yn y tanc 'ma,' meddai'r Gwyddel, gan gymryd y tanc awyr oddi ar ei gefn. 'Fydda' i'n iawn mewn munud.'

Rhoddodd Charles ddiod boeth iddo fo.

'Gafaela di yn y llyw 'ma am funud, ac mi â i i nôl y bagiau.'

Cododd Charles o'i sedd a gafaelodd y Gwyddel yn y llyw.

Yn sydyn, teimlodd Charles y catamarán yn troi. Hyrddiwyd o'n bendramwnwgl o ganol y caban, i lawr y grisiau ar y dde, i mewn i'r gegin. Trawodd ei ben yn galed yn erbyn cornel cwpwrdd y gegin a syrthiodd yn ddiymadferth i'r llawr.

'Boss . . . Boss . . . wyt ti'n iawn?' gofynnodd Paddy, yn bryderus.

Doedd dim ateb. Roedd Charles yn hollol anymwybodol. Trodd Paddy y morwr ar ei gefn. Roedd arlais Charles yn waed i gyd. Gafaelodd Paddy yn arddwrn Charles. Doedd dim curiad o gwbl. Roedd 'y Boss' wedi marw.

Gwenodd y Gwyddel. Roedd hi wedi bod yn haws nag roedd o wedi'i ddisgwyl. Roedd o wedi dilyn Charles yn dawel iawn i mewn i'r caban. Dim ond un gic i ben ôl Charles wrth iddo blygu i estyn y cydau, ac roedd cornel y cwpwrdd wedi gwneud y gweddill. Rŵan, y fo, Paddy Flynn, fyddai'n rheoli pethau yn Lerpwl. Dim rhagor o foesymgrymu i Charles. Dim rhagor o weithio'n galed i wneud ffortiwn i rywun arall. Roedd y Gwyddel wrth ei fodd. Dim mwy o Charles, na Jim Arnold, na'r 'snob' Smythe 'na, na Dave Wilson. Roedd y cyfan wedi mynd. Roedd Dave Wilson wedi bod yn fwy o ddraenen yn ei ystlys na Charles, hyd yn oed, ond ar ôl galwad bach di-enw i'r heddlu, roedd Paddy wedi eu gweld nhw'n cymryd y cyn-baffiwr i'r ddalfa. Roedd y ffordd yn glir. Teimlai'r Gwyddel yn falch iawn. Fo fyddai'r 'Boss' rŵan. Edrychodd o gwmpas y caban yn ofalus, a dechreuodd baratoi'r 'props' ar gyfer act olaf trip dramatig Charles

hyrddiwyd, *was hurled*	curiad, *pulse*
pendramwnwgl, *headlong*	pen ôl, *backside*
diymadferth, *lifeless*	moesymgrymu, *to bow*
anymwybodol, *unconscious*	draenen, *thorn*
arlais, *temple*	ystlys, *side*
arddwrn, *wrist*	

Windsor Wright. Trodd y corff yn ôl, wyneb i waered; agorodd dun o ffa a'u taflu ar lawr y caban. Rhoddodd sosban ar y stof, a darn o fenyn ar ei gwaelod. Rhoddodd y taniwr sigaret yn llaw llonydd Charles a throdd tap nwy y stof fach ymlaen. Cododd y cydau plastig, ac aeth allan o'r caban. Taflodd set R.W. Charles i'r môr.

Gosododd yr offer llywio awtomatig a'r cwmpawd ar gwrs tuag at y Gogledd. Cyweiriodd yr hwyliau a chlymodd y rhaffau wrth y bachau priodol. Rhoddodd ei danc awyr ar ei gefn, gafaelodd yn y cydau gwerthfawr, rhoddodd ddarn ceg y tanc awyr rhwng ei ddannedd, y sbectol nofio dros ei lygaid, a neidiodd yn ôl i'r môr. O fewn eiliadau, roedd *Prince* a'i lywiwr marw wedi diflannu i mewn i'r niwl.

Nofiodd Paddy yn ôl i'r lan, ac mewn munudau roedd o ar draeth o dan gysgod yr hen oleudy ar ynys Llanddwyn. Penderfynodd y byddai nofio ar draws y bae yn haws ac yn fwy diogel na cherdded ar hyd y traeth meddal. Felly croesodd yr ynys at dai bychain yr hen beilotiaid a cherddodd yn ôl i'r dŵr.

Cyrhaeddodd y jîp yn ddiogel, heb weld neb. Newidiodd ei ddillad a thaniodd y peiriant cryf. Cyrhaeddodd Bont Britannia cyn iddo weld car arall, a gyrrodd yn bwyllog yn ôl i Lerpwl, gan chwibanu. Roedd y boen yn ei fol wedi diflannu hefyd. Roedd o mor hapus â'r gog.

menyn, *butter*
taniwr, *lighter*

yn bwyllog, *carefully/calmly*
chwibanu, *to whistle*

Pennod 18

Safai'r Uwch-Arolygydd Gareth Pritchard yn y stafell reoli ar ben adeilad gwylwyr y glannau yn Nhraeth Newry, Caergybi. Uwchben yr offer electronig modern roedd ffenestri mawr o gwmpas tair ochr i'r stafell, yn edrych allan dros linell derfyn y ras, rhwng y morglawdd ac Ynys Halen. Edrychai Gareth trwy'r ffenestri ond doedd dim byd i'w weld; roedd y niwl fel gwrthban gwlyb tros yr olygfa. Gallai glywed dau nodyn dwfn corn niwl y goleudy sydd ar glogwyn gogleddol Mynydd Twr. Roedd tawelwch yn y stafell, wrth i wylwyr y glannau syllu ar y radar a gwrando ar y radio.

Torrodd cloch y ffôn ar draws y tawelwch. Atebwyd o gan un o wylwyr y glannau. Gwrandawodd yn astud ac yna rhoddodd y ffôn yn ei le, cyn troi at y lleill.

'Ceidwad goleudy Ynys Lawd oedd hwnna . . . damwain ar y creigiau.'

Gwthiodd fotwm coch, a chanodd larwm ym mherfeddion yr adeilad.

'Dych chi am ddod efo ni, Syr?' gofynnodd i Gareth.

'Ydw, os gwelwch yn dda,' atebodd Gareth, gan wisgo'i gôt.

Rhedodd y ddau i lawr i'r Land Rover oedd yn aros amdanyn nhw y tu allan. Roedd tri dyn arall yn y Land Rover eisoes, a chychwynnodd y pump ar eu siwrnai'n araf drwy'r niwl, ar draws Ynys Cybi at Ynys Lawd. Roedd y wawr ar dorri pan gyrhaeddon nhw, ond doedd golau dydd ddim yn gymorth mawr i weld drwy'r niwl. Cerddodd y pump i lawr y grisiau at y goleudy.

'Mae o i lawr fan 'na,' meddai ceidwad y goleudy. 'Welson ni ddim byd ond clywad sŵn ar y creigia' wrth y bont. Mi aeth 'y mêt i i lawr, ond doedd o ddim yn gallu cyrraedd y cwch.'

stafell reoli, *control room*
gwylwyr y glannau, *coast guards*
yn astud, *intently*

Ynys Lawd, *South Stack*
ym mherfeddion, *in the inner depths*
Ynys Cybi, *Holy Island*

Roedd y tîm achub, eisoes, yn clymu rhaffau ar sylfeini cadarn. Roedd oriau o ymarfer a blynyddoedd o brofiad wedi eu troi nhw'n dîm achub cyflym ac effeithiol. Dringodd dau ohonyn nhw, oedd yn gwisgo siwtiau rwber nofwyr tanddwr, i lawr wyneb serth y graig.

'Tua faint o'r gloch oedd hyn?' gofynnodd arweinydd y tîm.

'Tua'r tri o'r gloch 'ma,' atebodd ceidwad y goleudy.

'Dyn ni wedi cyrraedd y gwaelod,' meddai llais drwy'r radio bach ar gôt yr arweinydd.

'Fedrwch chi weld rhywbeth?'

'Mae 'na gwch wyneb i waered ar y creigiau. Mae o'n edrych fel catamarán.'

Rhegodd Gareth.

'Fedrwch chi weld yr enw arno fo?'

'Na fedrwn. Ond mae 'na dwll yn ochr un hwl. Fyddai'n well inni glymu lein ato fo.'

'Iawn,' atebodd yr arweinydd.

Roedd haul y bore yn dechrau bwyta'r niwl, erbyn hyn, ond roedd y môr yn dawel fel llyn. Roedd y rhaffau wedi eu clymu wrth y catamarán, ac roedd trydydd dyn wedi dringo i lawr y creigiau yn cario offer nofio tanddwr. Drwy'r bylchau yn y niwl, gwelodd Gareth ddau nofiwr yn neidio i'r môr, ac yn nofio at y cwch. Toc, daeth y newyddion drwg tros y radio.

'*Prince* ydy enw'r cwch.'

'Damio fo,' meddai Gareth. 'Mae o wedi'n twyllo ni eto. Rhaid ei fod o wedi clywed ein bod ni'n aros amdano fo, ac wedi nofio i'r lan.'

Cydymdeimlodd yr arweinydd â Gareth.

Dechreuodd y radio siarad eto.

'Mae 'na rywun y tu mewn iddo.'

'Ydy o'n fyw?' gofynnodd yr arweinydd.

'Wn i ddim. Maen nhw'n dod â fo i'r lan rŵan.' Ar ôl saib ychwanegodd, 'Nag ydy. Mae o wedi boddi.'

sylfeini, *foundations*
effeithiol, *efficient*
arweinydd, *leader*

bylchau, *gaps*
saib, *pause*
wedi boddi, *drowned*

Trodd yr arweinydd at Gareth, a dywedodd,

'Dyma un o broblemau'r catamaráns 'ma. Unwaith maen nhw'n troi drosodd, fedrwch chi ddim eu troi nhw'n ôl eto. Dw i wedi darllen am nifer sy wedi cael eu boddi ar ôl cael eu dal yn y caban.'

'Fedrwch chi ofyn iddyn nhw edrych am gyffuriau yn y caban, os gwelwch yn dda?' meddai Gareth, gan dorri ar ei draws. Rhoddodd yr arweinydd orchymyn ar y radio.

Cyn bo hir, daeth yr ateb. 'Dim arwydd o gyffuriau.'

'Fedra i ddim deall,' meddai Gareth. 'Rôn i'n siŵr y byddai'r stwff ar y *Prince*.'

'Mae rhywun wedi'ch camarwain chi yn rhywle,' meddai'r arweinydd. 'Ond gawn ni wybod mwy ar ôl archwiliad y crwner.'

Erbyn hyn, roedd y niwl yn diflannu'n gyflym, ac roedd cannoedd o bobl yn gwylio'r tîm achub wrth eu gwaith, o ben y clogwyni. Codwyd corff Charles i fyny'r clogwyn, a cheisiodd Gareth osgoi'r newyddiadurwyr, drwy gael lifft yn ôl i'r dref yn yr ambiwlans oedd yn cario'r corff i Gaergybi.

Daliodd Gareth drên y p'nawn yn ôl i Lundain. Roedd o'n siomedig iawn. Roedd o wedi bod mor sicr fod darnau'r pôs yn arwain at Charles Wright. Ond ble roedd y marijuana, a beth oedd wedi achosi marwolaeth Charles Wright? Roedd yn rhaid iddo gyfaddef wrtho'i hun ei fod o wedi gwneud camgymeriad. Treuliodd Gareth dridiau'n ailedrych ar y cliwiau i gyd. Dechreuodd geisio rhestru'r holl longau a chychod hwylio oedd wedi bod yn y Sianel ar y noson y croesodd *Den Helder* o'r Iseldiroedd. Ond roedd hynny'n dasg amhosibl.

Cyrhaeddodd adroddiad y crwner o Gaergybi. Darllenodd Gareth o'n ofalus. Roedd Charles wedi marw ar ôl taro'i ben yn galed yn erbyn cornel cwpwrdd y gegin, ac roedd olion gwaed ar y gornel, yn unol â thrawiad o'r fath. Dangosodd archwiliad o'r caban fod Wright wedi bod yn paratoi bwyd ar

---

camarwain, *to mislead*
camgymeriad, *a mistake*

yn unol â, *in accordance with*

96

y pryd, a'i fod wedi llithro neu faglu dros rywbeth. Gan nad oedd dŵr yn ei ysgyfaint, casglodd y meddyg fod Charles Wright wedi marw o ganlyniad i'r trawiad, a'i fod wedi marw cyn i'r catamarán droi drosodd. Casgliad y crwner oedd fod Charles Windsor Wright wedi marw trwy ddamwain, ac nad oedd unrhyw arwydd o anfadwaith.

Dangosodd Gareth yr adroddiad i Emlyn Hughes, a chytunodd y ddau fod yn rhaid i'r achos aros yn ddirgelwch. Cafodd Gareth ganiatâd i gymryd pythefnos o wyliau, a chyn diwedd y noson roedd o'n eistedd mewn awyren ar ei ffordd yn ôl i Amsterdam i dreulio'i amser rhydd yng nghwmni Dana.

baglu, *to trip*   anfadwaith, *villainy*
casglodd, *he concluded*   dirgelwch, *mystery*

Pennod 19

Fis union ar ôl marwolaeth Charles Wright, daeth dau lythyr drwy flwch llythyrau cartref Paddy Flynn. Cododd o'i wely, taniodd sigarét, yfodd ddiod o wisgi, a cherddodd yn araf at y drws i'w casglu nhw. Roedd y poenau yn ei fol yn waeth yn y boreau, ond roedd y wisgi'n help. Roedd Paddy yn ddyn hapus. Roedd o wedi llwyddo i gymryd marchnad gyffuriau Lerpwl iddo'i hun, ac roedd o'n gwneud ffortiwn.

Yn ystod y mis diwethaf, roedd o wedi agor cyfrifon banc yng Ngweriniaeth Iwerddon, oedd yn fwy diogel na banciau dirgel y Swistir. Roedd o wedi symud i fyw i fflat newydd, moethus ac roedd o wedi dechrau cyflogi dau Wyddel i werthu'r cyffuriau iddo. Roedd popeth yn mynd yn ardderchog.

Cariodd Paddy'r llythyrau'n ôl at y bwrdd brecwast. Yfodd baned o goffi du a diod arall o wisgi. O'r diwedd, llaciodd y boen yn ei stumog. Agorodd y Gwyddel y llythyr cyntaf, a chwarddodd yn uchel. Llythyr oedd o gan gyfreithwyr Charles Wright yn dweud wrtho fod Fred Rogers a Patrick Flynn yn gyd-berchenogion y clwb hapchwarae yn Lerpwl. Chwarddodd Paddy eto, a thywalltodd wydraid arall o wisgi.

Cododd ar ei draed, a chynigiodd lwncdestun i Charles Wright. Chwarddodd eto ar eironi'r sefyllfa. Roedd o wedi cyflawni'r llofruddiaeth berffaith ac roedd y corff wedi troi ato a rhoi ffortiwn arall yn anrheg iddo.

'Taswn i'n gw'bod, Charlie bach . . . Taswn i ddim ond yn gw'bod,' meddai'n uchel.

Agorodd yr ail amlen, a dechreuodd ddarllen y cerdyn swyddogol.

llwyddo, *to succeed*	llwncdestun, *toast*
moethus, *luxurious*	clwb hapchwarae, *casino*
llacio, *to ease*	llofruddiaeth, *murder*
swyddogol, *official*	cerdyn, *card*

YSBYTY BRENHINOL LERPWL

Trefnwyd apwyntiad ichi yn yr ysbyty uchod am ..10..
o'r gloch, ar ...1 Medi... i weld yr Arbenigwr.
Derbyniwyd/~~Ni dderbyniwyd~~ canlyniadau eich profion.
Roedd y canlyniadau'n gadarnhaol/~~negyddol.~~
Wnewch chi adael inni wybod os nad yw'r dyddiad yn
gyfleus, os gwelwch yn dda.

Darllenodd Paddy y cerdyn unwaith eto. Ond nodyn, mewn llawysgrifen daclus ar gefn y cerdyn, roddodd fraw iddo. Roedd y nodyn yn ychwanegu, 'Bydd Arbenigwr o Ysbyty Christie, Manceinion, am eich archwilio chi ymhellach.'

Roedd y nodyn yn cadarnhau ei ofnau dyfnaf, oherwydd ysbyty sy'n ymdrin â chancr ydy Ysbyty Christie. Cancr. Aeth y gair fel tân drwy ei feddwl. Syllodd yn hir ar y cerdyn. Roedd llawenydd y llythyr cyntaf wedi darfod. Am y tro cyntaf ers ei blentyndod, galwodd y Gwyddel yn uchel ar y Forwyn Fair.

Daeth y boen i'w stumog unwaith eto. Plygodd, gan riddfan. Cymerodd ddiod o wisgi, ond doedd hwnnw ddim yn gallu golchi'r gair 'cancr' o'i feddwl.

Eisteddodd Paddy am ddwy awr, gan syllu ar y nodyn o'r ysbyty. Yna, yn hollol fwriadol, golchodd y llestri brecwast. Gwisgodd ei siwt orau a thaclusodd y fflat.

Aeth i'r stafell molchi, tynnodd ochr y bath o'r ffordd, ac estynnodd baced bach meddal du o'i guddfan. Cariodd y paced o heroin a nodwydd yn ôl i'r stafell fyw, a'u rhoi ar y bwrdd. Gorffennodd y botel wisgi, gan doddi'r heroin yn araf uwchben cannwyll.

canlyniadau, *results*
cadarnhaol, *positive*
cyfleus, *convenient*
llawysgrifen, *handwriting*

dyfnaf, *deepest*
o'r ffordd, *out of the way*
toddi, *to melt*

Llenwodd y nodwydd yn ofalus, rhag colli dim o'r cyffur cryf. Clymodd felt o amgylch ei fraich i ddarganfod y brif wythïen a gwthiodd y nodwydd yn araf i mewn i'w groen. Tynnodd y nodwydd wag, a thynnodd y belt o'i fraich; gallai deimlo'r heroin cryf yn dechrau gweithio. Doedd ganddo fo ddim poen rŵan, dim ond teimlad o ysgafnder wrth iddo gerdded drwy'r goleuadau llachar oedd yn ei feddwl. Roedd Paddy Flynn wedi cychwyn ar drip olaf ei fywyd.

gwythïen, *vein*   gwag, *empty*